も理解

個と集団の育ちを支える理論と方法

請川滋大

萌文書林

はじめに

　本書は、幼稚園教諭免許取得のための必修科目「幼児理解の理論及び方法」と、保育士資格取得のための必修科目「子どもの理解と援助」のいずれにも対応できるように構成しました。執筆しながら考えていたのは、「子ども理解」を深めるには子どもそのもの、つまり個の発達を知るという側面と、子どもたちを取り巻く社会・文化的な側面の両方を読者に把握してもらいたいということです。子どもに限らず、人を理解しようとするとき、内面だけを見ようとしてもわからないことが多々あります。一方で、その人を取り巻く環境的な要因からだけでは、やはり一定以上理解を深められない部分があるのも事実です。それら両側面にしっかりと目を向けることが大切なのだと、本書をまとめる中で改めて気づかされたところです。

　本書がねらいとしている子ども理解を深めるということの先に、保育・教育のありようを考えていくという大きな目的があります。子どもを理解し、理解したうえでどういった実践につなげていくことができるのか。その点を考えることがとても重要なのです。現在の日本の保育制度において、どのようにして子どもの「個」をしっかりと理解し、さらに、その子を集団の中に位置付けつつ、どう援助していけばよいのかを問い続けるということです。本書のサブタイトル「個と集団の育ちを支える理論と方法」には、そういった筆者の考えを反映させています。

　本書が皆さんにとって子どもを理解するうえでのヒントになり、さらには保育・教育を考える際に活用してもらえることを期待しています。

目次

はじめに　003

I｜子ども理解の意義と原理

第1章　保育における子ども理解の意義　012

1　子ども理解の基本　012

2　子ども理解と遊びの理解　016

3　信頼関係の構築と子ども理解　018

4　省察・連携による子ども理解　020

第2章　子ども理解に基づく養護及び教育の一体的展開　023

1　養護と教育　024
- 1-1　保育所保育指針における養護と教育の意味
- 1-2　乳幼児期の「教育」

2　乳児期から就学前までの養護と教育　027
- 2-1　乳児保育
- 2-2　1歳以上3歳未満児の保育
- 2-3　3歳以上児の保育
- 2-4　発達に応じた養護と教育

3　「幼児教育」の意味　032

4　「3つの柱」と「10の姿」　033

第3章　子どもに対する共感的理解と子どもとの関わり 035

1 子どもに共感する 035

2 保育の両義的な側面 037

3 子ども理解と援助の往還 040

4 集団を対象とした共感的理解 043

5 保育者の心持ち 044

第4章　子どもの生活と遊び 046

1 なぜ遊びが重要なのか 046

2 「遊びを通しての指導」の難しさ 048

3 経験の質を考える 051

第5章　人的環境としての保育者と子どもの発達 056

1 人的環境としての保育者 056

　■1-1 モデリング（観察学習）
　■1-2 子どもの活動を引き出すモデル

2 隠れたカリキュラム（ヒドゥン・カリキュラム） 059

3 子どもの思いに寄り添った援助 062

4 仮の理解で援助する 064

5 省察しながら実践する 065

目次

第6章　子ども相互の関わりと関係づくり　　067

1　子ども相互の関わりはなぜ必要なのか　067

2　見る－見られる関係から生じる遊び　069

　■ 2 - 1　周りの子どもに刺激を受ける
　■ 2 - 2　遊びが連鎖する環境構成

3　子ども相互の関わりを支える保育者の役割　071

4　子ども同士の関係づくりを援助する　073

5　集団の臨床として　076

第7章　集団における経験と育ち──自己発揮・対話・葛藤やつまずき　078

1　信頼関係に支えられた自己発揮・自己抑制　078

2　集団＝友達との関わり？　081

3　集団の中で何を大切にするか　083

4　対話的な学び　085

5　真の対話とは何か　088

　■ 5 - 1　形だけの「話し合い」
　■ 5 - 2　対話する力を育てる

第8章　**保育環境の理解とその構成・変化・移行**　091

1　環境を通して行う保育　091

2　保育環境とアフォーダンス　092

3　新しい環境との出会い　095

4　遊びの刺激を受ける環境　098

5　子どもとともに環境をつくる　100

Ⅱ｜子ども理解の方法と援助

第9章　**子どもを理解する方法**──観察・記録・評価・省察　104

1　子どもを「みる」　104

2　記録を積み重ねる　106

　　■2-1　点を線に、線を面にする
　　■2-2　子ども理解のための記録

3　評価として記録を活用する　108

　　■3-1　できていることに注目する
　　■3-2　事実と考察を書き分ける

4　質的評価と形成的評価　110

5　保育を省察する　111

第10章 **職員間の対話・保護者との情報の共有** 114

1 複数の目で子どもを見る 114

2 子ども理解を深めるための体制づくり 117

■ 2-1 ノンコンタクト・タイムの設定
■ 2-2 アセスメントシートの活用
■ 2-3 記録による気づきを生かす

3 保護者との情報共有 124

第11章 **発達の課題に応じた援助と関わり** 127

1 子どもの現在について考える 127

2 子どもからのサインを見逃さずに捉える 128

3 子ども理解を保護者と共有する 131

4 様々な背景を理解する 133

■ 4-1 内面にどこまで踏み込むか
■ 4-2 関係づくりを焦らない

5 課題を乗り越える 135

第12章 **特別な配慮を要する子どもの理解と援助1** 138
——多様なニーズに応える

1 インクルーシブ保育 138

2 多様な家族像 139

3 様々な子育て観と子どもの内面の尊重 142

4 ジェンダーに関わる問題への対応 146

第13章 特別な配慮を要する子どもの理解と援助2 149
──発達の状態に応じた援助

1 障害の有無にかかわらず 149

2 入園当初の援助の基本 150

■2-1 入園時の受け入れ態勢
■2-2 個別の支援計画

3 保育者と信頼関係を築く 153

■3-1 情緒の安定を図る
■3-2 その子の発達の特性を捉える

4 安心できる場を拠点に 155

5 好きな遊びを中心にしながら 157

6 就学に向けて 158

第14章 発達の連続性と就学への支援──幼保小の接続と連携 161

1 発達の連続性 161

2 就学前の経験の重要性 163

■2-1 接続期のカリキュラム
■2-2 就学への支援とは、自発的な活動を大切にすること

3 小学校に対する不安感 166

4 園と小学校の交流 169

■4-1 日常生活の中での交流活動
■4-2 交流活動を通して子ども理解を深める

引用参考文献・資料 172

おわりに 174

I

子ども理解の意義と原理

第1部では、子ども理解の基本的な考え方について学びます。保育施設において子ども理解をすることの意義とは何か、なぜ子ども理解がそれほど重要なのか、幼稚園教育要領などの内容を検討しながら考えていきます。

第1章

保育における
子ども理解の意義

1　子ども理解の基本

　2017（平成29）年に新しい幼稚園教育要領、保育所保育指針、幼保連携型認定こども園教育・保育要領が告示されました。この改訂は、1989（平成元）年の要領改訂（幼稚園教育は「環境を通して行うもの」とされ、6領域から5領域へと変更）以来の大きな変化だといわれています。改訂のポイントとして「幼稚園教育において育みたい資質・能力」（3つの柱）や「幼児期の終わりまでに育ってほしい姿」（10の姿）などがよく取り上げられますが、実は「幼児理解に基づいた評価」について明記されたのも今回の改訂の要点です。

　幼児理解に基づいた評価をするとは、実際にはどういうことでしょうか。要領では、第1章総則の第4の4「幼児理解に基づいた評価の実施」において以下のように述べられています。

　　幼児一人一人の発達の理解に基づいた評価の実施に当たっては、次の事項に配慮するものとする。
　（1）指導の過程を振り返りながら幼児の理解を進め、幼児一人一人のよさや可能性などを把握し、指導の改善に生かすようにすること。その際、他の幼児との比較や一定の基準に対する達成度についての評定によって捉えるものではないことに留意すること。

（2）評価の妥当性や信頼性が高められるよう創意工夫を行い、組織的かつ計画的な取組を推進するとともに、次年度又は小学校等にその内容が適切に引き継がれるようにすること。

　園では、テストのように数量化可能な評価ではなく、子どもたちの普段の姿の記録を基に質的な評価を主に行います。保育者がそれぞれ工夫をしながら、「指導の過程を振り返りながら幼児の理解を進め」ていく必要があります。「他の幼児との比較や一定の基準に対する達成度についての評定によって捉えるものではない」とあるように、何かの基準に照らし合わせて達成度を見たり、他児と比べてその子の発達の状態を評価したりするものではないのです。こういった点が、保育における評価を難しく感じさせる要因にもなっています。

　実際のところ、こういった難しい評価を、保育者は試行錯誤しながら行っています。子どもたちが今どんなことを考え、何をしようとしているのか。それを子どもたちの動きや発話などから読み取るために、保育者は様々な工夫をしながら子ども理解に基づいて指導計画を立て、環境構成をしているのです。事例1-1を見てみましょう。

 事例 1-1 やりたいことは様々

3歳児クラス／9月

　3歳児クラスの男児数名の間で、チラシを使った剣づくりが流行っています。チラシを丸めて長く硬い剣を作りたいのですが、3歳だとなかなか上手に作ることができません。片手でチラシを押さえながらもう片方の手で巻いていくという、左右の手の協応動作が難しいからです。

　そんな中、カイトくんは比較的上手に剣を作っていて、出来上がった剣をいくつも自分のロッカーにしまっています。一方、早生まれのケイくんはまだ両手をうまく使えず、剣づくりも思うようにいかないようです。担任保育者に「手伝ってー」とお願いして作ってもらった丈夫な剣を大事にしていま

すが、もっとたくさん欲しいという気持ちも伝わってきます。担任は「ケイくんも自分で作ってみる？」と促しますが、一人ではきれいに巻けないことがわかっているケイくんはなかなか取り組もうとしません。自分でたくさん剣を作って取っておきたいカイトくん、先生に硬い剣を作ってもらいたいケイくん。剣づくりの中でも、やりたいことはそれぞれ異なるようです。

　このように同年齢のクラスにいる子どもでも、さらに、剣づくりという同じ活動に取り組んでいる仲間だとしても、目的は異なるということが事例からわかるでしょう。同じ遊びや活動をしているように見えても、皆が同じ目的をもっているわけではありません。子ども一人一人の発達の状態や、興味や欲求をしっかり理解する必要があります。それらを見誤ると、保育者の言葉がけや環境設定なども間違った方向へ進みかねません。何より大切なのは、子どもたちの思いを受けとめたうえで保育者の援助方針が導き出されなくてはいけないということです。

　事例1-1を見ると、カイトくんは自分で剣をたくさん作って集めることに喜びを感じているようです。まずはその活動を認めて受け入れるのが望ましいでしょう。では次の段階として、剣をたくさん集めた先にどういった展開が考えられるでしょうか。活動の展開について考えるためには、剣を使ってどういう遊びができるのか、その中でもカイトくんはどういったことに興味をもちそうなのかという保育者の想像力が必要です。つまり、援助を考える際は以下のような2方向の理解が欠かせないのです。

　・遊びそのものの理解（その遊びのおもしろさ、遊び方のバリエーションなど）
　・遊んでいる子どもに対する理解（今はどんなことを感じているか、今後興味
　　関心はどのように広がり、深まっていきそうか）

　カイトくんの気持ちは本人にしかわかりませんし、実のところ、本人も今の剣集めがどんな遊びに発展していくか想像できていないかもしれません。保育者はそんなカイトくんのこれまでの姿や、今熱中して遊んでいる姿を見

ながら、「こんな遊びに発展するのではないか」「そのためにはどんな素材が必要だろうか」などと考えていきます。

　あるいはカイトくんだけでなく、カイトくんを取り巻く周囲の子どもたちの姿から、「カイトくんの剣づくりが、こちらのグループのお店屋さんごっことつながるかも」と想像し、互いの遊びが影響し合うよう場のつくり方が検討できるかもしれません。このように保育者は、「子どもたちは次にどんなことへ興味を広げていくか」「今の遊びはどう展開していくだろうか」を予測しながら、状況に適した言葉がけや場づくり、素材の提示などを行っているのです。そのような子どもの遊びを支える行為の全体を、保育者の「指導」（援助）と呼んでいるわけです。

　続いて、同じく事例1 - 1に登場したケイくんに焦点を合わせてみましょう。自分で剣を作ろうとせず保育者に頼っているので、ケイくんには自分で剣を作れるようになってほしいと保育者は考えているかもしれません。しかしそれは今すぐにということではなく、「将来的にできるようになり、自分で作る達成感を味わってほしい」という未来へのねがいでしょう。今は保育者に作ってもらう、もしくは保育者と一緒に作るという状態ですが、現在の欲求が満たされれば、「自分一人で作ってみたい」という気持ちになるかもしれません。また、自分で作れるようになれば、そのことが自信となって他の活動に対する意欲も湧いてくると予想できます。

　事例1 - 1のエピソードだけでも、どう援助したらよいかは子どもによってずいぶん異なることがわかります。保育者の援助は、一人一人の内面を丁寧に読み取るという子ども理解に基づく、専門性の高い行為なのです。

第1章　保育における子ども理解の意義

2 子ども理解と遊びの理解

　その子が何をしたいのかだけでなく、その遊びや活動特有の魅力を把握して、必要な素材や場について研究しておくこと（教材研究）も重要です。そのような検討が、素材や環境を子どもたちに提示するときの判断につながっていきます。事例1-2は、泥団子づくりに熱中している子どものエピソードです。

 事例 1-2　自分でピカピカにしたい

5歳児クラス／6月

　この園では、例年、5月の暖かくなる頃から子どもたちの間で泥団子づくりが盛んになります。特に年長男児は泥団子の完成度にこだわり、どれだけ丸くできるか、いかに表面を滑らかにできるかを競うようにして作っています。そのための工程やコツを子どもたちは経験から知っていて、「ここの土を使って固めるのがいい」「ツルツルにするために、この白砂を使うのが大事」などと言い合っています。

　保育者も子どもたちと一緒に泥団子を作っており、中でもアキヒロ先生は泥団子づくりが得意です。ツルツルに磨き上げられた、きれいな球体の泥団子を作れる先生は子どもたちの憧れの的です。

　ある日、レンくんは泥団子を作りつつアキヒロ先生の手元を見ていました。「先生のいいなあ、まんまるでツルツル！」。アキヒロ先生は複数の泥団子を作っていたので、「じゃあこれ、レンくんにあげるよ」と言って目の前の泥団子を差し出しました。レンくんは驚いたような顔で先生と泥団子を見ていましたが、少し考えてから「やっぱりいらない」と言って向こうへ行ってしまいました。アキヒロ先生がレンくんのその後の様子を注意して見ていると、レンくんは自分で作った泥団子がもっとツルツルになるように磨き続けていました。

子どもの遊びに対して援助をするときは、その遊びのどういったところが楽しいのか、子どもの目線に立って考えることが重要です。泥団子づくりの楽しさはどんなところにあるのでしょうか。泥団子をたくさん作って並べたい子もいます。出来上がった泥団子を使って、お団子屋さんごっこがしたいという思いも出てくるでしょう。この場合は、泥団子づくりはお店を開くための準備として行っているということになります。

　事例1-2のレンくんの場合は、泥団子を丸くすること、表面を磨いて滑らかにすることに価値を置いているようです。アキヒロ先生の泥団子や、それを作る先生の姿がよいモデルとなり、「自分もこんなふうに作ってみたい」と思ったのでしょう。

　前述したように、同じ遊びを共有しているように見えても、子どもが感じている楽しさや目指していることは様々です。その遊びの何が楽しいのかを見誤ると援助の方向性がずれてしまうので、まずはしっかりと見極めたいものです。事例1-2のアキヒロ先生は、自分が作った泥団子をレンくんにあげようとしましたが、レンくんはきれいに出来上がった泥団子が欲しかったのではなく、自分で作りたかったようです。アキヒロ先生の援助はレンくんが求めていたこととは異なりましたが、結果として、レンくんが目指しているものを知ることができました。自分で作ってみたいのであれば、しばらくはレンくんの様子を見ていて、手助けを求められたらそのときに関わっていけばよいでしょう。

第1章　保育における子ども理解の意義

保育の基本は子どもが何に興味をもっているかを捉え、その方向に向かって援助していくことです。そして、さらに一歩進むと、時には子どもが目指す方向と異なる関わり方をしてみせる場合もあります。そのような援助によって新たな目的が子どもたちの中に生まれることもあるのです。泥団子づくりの例でいえば、磨かれて光る泥団子を見たことがない子どもたちに保育者が光る泥団子を見せることで、「泥だんごを光らせる」という新たな目的が子どもたちの中に生まれる場合もあります。ただしこのような援助は、子どもたちの遊びを保育者の思う方向に強く誘導してしまうこともあるので、さじ加減が難しいところです。こういった関わり方を振り返るには、他の保育者との意見交換などが役立つでしょう（第10章参照）。

3　信頼関係の構築と子ども理解

　ここまで2つの事例を通して、子ども理解と遊びの援助について説明してきました。一人一人の内面を丁寧に読み取り援助していくためには、子どもと保育者の間に信頼関係ができていることが重要です。ただし、最初から関係づくりがスムーズにいくわけではありません。

 事例 1-3　どうして不安なのかな

3歳児クラス／6月

　2月生まれのモエちゃんは、4月に3歳児クラスに入園してから6月下旬頃まで、母親を求めて泣いたり、他児の遊ぶ様子をじっと眺めるだけの日々が続きました。誰か保育者がそばにいれば少しは落ち着きますが、不安と緊張はなかなか解けず、担任保育者との関係にもぎこちなさが残っています。
　担任はモエちゃんとの関係づくりに悩んでいましたが、ある日、モエちゃんの耳元で低く小さい声で語りかけると反応や返事をもらいやすいことに気づきました。そこで、モエちゃんにはあえて低い小声で話しかけて、朝ごはんの話やモエちゃんの妹の話など、モエちゃんが身構えずに答えられそうな

第Ⅰ部　子ども理解の意義と原理

話題を選ぶようにしたのです。すると担任に対するモエちゃんの反応は徐々に増え、遊んでいるときも「モエも（する）」「モエも（作る）」と、自分の気持ちを言葉で表すことが次第に多くなっていきました。

　モエちゃんは、初めて大きな集団で生活することに戸惑っていたのではないでしょうか。母親と離れて過ごすという経験も初めてですから、慣れない場所で誰を頼ったらよいのかわからず、とても不安だったのでしょう。そんな気持ちのときに、担任保育者がクラス全体に向けて大きな声で話しかけても、モエちゃんの耳には自分に向けられた声として届かなかったかもしれません。家庭では、母親がモエちゃんだけに声をかけてくれます。一人の大人が大勢の子どもに向けて話しかけるという発話を経験したことがないのですから、戸惑うのも当然でしょう。

　担任はモエちゃんとの関係づくりに悩んでいましたが、ある日、小さな低い声で耳元に語りかけると反応してくれることに気づきました。なぜそのようにしてみたのか、おそらく担任にも明確には答えられないでしょう。しかし、モエちゃんと何とか関係を築きたいと考えていた担任は、日々試行錯誤していたはずです。そのような中で得られたきっかけが、耳元で低く小さい声で語りかける、というものだったのです。

019

この関わり方は、事例の保育者とモエちゃんとの間ではしっくりきたわけですが、他の保育者や子どもではうまくいかないかもしれません。ただ、先ほど考察したように、大勢の子に向けて話しかけるのではなく、「私にだけ特別な声色で話しかける先生」に対して、モエちゃんが今までよりも信頼を寄せることができた可能性は高いでしょう。

　このように保育現場では、その子に対する理解や関係づくりにおいて手応えを得られない状況であっても、ともかく関わってみることが必要になってきます。子どもたちは常に目の前にいて物事は進んでいきますから、じっくり考えてから関わる余裕がないことのほうが多いのです。

4　省察・連携による子ども理解

　前節で述べたように、保育者は、その時点での子ども理解に基づきながら子どもたちと関わっていかなくてはなりません。保育のプロであっても、相手は一人一人異なる人格をもつ個人ですから、理解していくのも容易ではないはずです。しかし子どもたちは毎日登園してきます。事例 1 - 3 のように、関係づくりに悩む子どもも登園してくるでしょう。それでも、よりよい関係を築くきっかけがないかと模索しながら、保育者は日々実践を重ねています。

　モエちゃんのような例もありますが、うまくいかないこともももちろんあります。事例 1 - 4 を見てみましょう。

 事例 1-4　どう関わればよかったのだろう

5歳児クラス／5月

　今年初めて年長クラスを担任するテルミチ先生は、体を動かすことが得意です。この日は、テルミチ先生と男の子たちがホールで相撲をとっていました。先生はビニールテープで土俵の線を引き、横綱のように子どもたちの挑戦を受けています。皆、次々と先生に勝負を挑み大盛り上がりです。

　子どもたちは、一人では先生に勝てませんが、年長児が何人かで一斉にか

かっていくと先生も土俵の外へ押し出されてしまいます。一度先生に勝つと
たいていの子どもは満足しますが、マサキくんだけは何度も勝負を挑んでき
ます。マサキくんは力が強くバランス感覚もよいので、相撲のときも他の子
より一枚上手です。とはいえ先生とは体格が違いすぎるため、1対1では何
度挑戦しても勝てません。テルミチ先生は「ここでわざと負けてはマーくん
にばれてしまう」と考え、わざと力を抜いたりせずに応えていましたが、最
後はマサキくんが泣きながら先生にかかっていくという状態になってしまい
ました。

　降園後、テルミチ先生は、ベテランのメグミ先生にマサキくんのエピソー
ドを伝えました。4歳のときにマサキくんのクラス担任をしていたメグミ先
生は、「マーくんは負けず嫌いだから…テル先生は真剣に向かってあげたか
ったんだろうけど、マーくんは絶対勝ちたいのに無理だとわかって悔しくて
泣いてしまったのね」と話してくれました。

　ここでのテルミチ先生の関わり方はどうでしょうか。テルミチ先生は、わ
ざと負けることがマサキくんを傷つけるだろうと考え、真剣勝負で相撲に臨
んでいます。マサキくんに対する理解としては、「マーくんは本気で向かっ
てきている。だから、こちらも真剣に応えよう（マーくんもそう望んでいるだ
ろう）」と考えたのです。ところが最終的には泣きながら相撲をとるような
状態になってしまい、テルミチ先生も判断を誤ったかと考え、メグミ先生に
相談しました。振り返ったときに後悔するような関わり方は望ましくありま
せんが、日々の保育の中でこういった事態は実際起きています。

　テルミチ先生は何も考えずに相撲をとっていたわけではなく、彼なりに考
えたうえでの関わりでした。ただその関わりの基盤となる子ども理解におい
て、マサキくんの「勝つこと」へのこだわりを甘く見積もってしまったよう
です。もしかしたら負けず嫌いということ自体、まだ気づいていなかったか
もしれません。一方、昨年担任をしていたメグミ先生は勝負を挑むマサキく

第1章　保育における子ども理解の意義

んの心情を想像できたので、それをテルミチ先生に伝えています。

　経験の浅い保育者であれば、初めて担当したクラスの子どもたちを理解するのはなおさら難しいことです。そのような場合、昨年まで担当していた保育者や、別の立場から見ている他クラスの保育者や主任等にその子のことを聞いてみるのもよいでしょう。また第10章で述べますが、保育者同士の個人的なやりとりだけではなく、園内研（園内研究・園内研修）を通して多様な子ども理解を共有することが今後の保育の向上につながります。

　最初から的確な子ども理解ができる保育者はいませんし、ベテランになってからも、かえって凝り固まった見方をしてしまい、若手の保育者の視点に驚かされることもあります。経験年数の違う保育者、違う年齢を担当する保育者同士が話し合い、その中で自らの子ども理解や援助を省察することで、園全体の保育の質が徐々に高まります。子ども理解の精度を高めていくためには、複数の視点からの省察が欠かせません。

演 習 課 題

　事例1-2（p.16）に登場したレンくんの気持ちについて考えてみましょう。そのうえで、自分が担任だとしたらレンくんにどう関わるか検討してみてください。

第Ⅰ部　子ども理解の意義と原理

第2章
子ども理解に基づく 養護及び教育の一体的展開

　保育所保育指針の第1章総則では、「保育所の役割」が以下のように述べられています。

　　　保育所は、その目的を達成するために、保育に関する専門性を有する職員が、家庭との緊密な連携の下に、子どもの状況や発達過程を踏まえ、保育所における環境を通して、養護及び教育を一体的に行うことを特性としている。（傍点引用者）

　また、指針の第2章「保育の内容」にも、実際の保育においては「養護と教育が一体となって展開される」と書かれています。「養護」と「教育」という別々の言葉ですから、それぞれ別のものを指しているわけです。それを「一体的に行う」とは、具体的にはどういう実践で、子ども理解とどのように関係しているのでしょうか。そして、2017（平成29）年の指針改定で新たに加えられた文言「幼児教育」はまた異なる性質のものなのか、その点についても検討が必要です。

　保育や幼児教育という言葉は一般的に類語として使いますが、保育と教育は同じものと考えてよいのでしょうか。この章では「養護」や「教育」といった言葉の定義を確認しながら、それらを一体的に行うとはどういうことか考えていきます。

1 養護と教育

■1-1 保育所保育指針における養護と教育の意味

指針の第1章総則には「養護に関する基本的事項」という項目があり、「保育における養護」について説明されています。

　　　保育における養護とは、子どもの生命の保持及び情緒の安定を図るために保育士等が行う援助や関わりであり、…

「生命の保持」と「情緒の安定」については、以下のとおり具体的なねらいが設けられています。

　ア　生命の保持
　（ア）ねらい
　　①一人一人の子どもが、快適に生活できるようにする。
　　②一人一人の子どもが、健康で安全に過ごせるようにする。
　　③一人一人の子どもの生理的欲求が、十分に満たされるようにする。
　　④一人一人の子どもの健康増進が、積極的に図られるようにする。

　イ　情緒の安定
　（ア）ねらい
　　①一人一人の子どもが、安定感をもって過ごせるようにする。
　　②一人一人の子どもが、自分の気持ちを安心して表すことができるようにする。
　　③一人一人の子どもが、周囲から主体として受け止められ、主体として育ち、自分を肯定する気持ちが育まれていくようにする。
　　④一人一人の子どもがくつろいで共に過ごし、心身の疲れが癒される

ようにする。

　子どもの生命を保持し、情緒の安定を図るために保育士等が留意すべきことが記されています。まずは子どもの命を確実に守り、そのうえで安心して生活できるように情緒を安定させることが必要だと示しているのです。安全な場で安心して過ごすことが保障されて初めて、後述する「教育」が可能になります。

　では「養護と教育」のうち、「教育」とはどのような行為を指すのでしょうか。指針では以下のように記されています。

　　「教育」とは、子どもが健やかに成長し、その活動がより豊かに展開されるための発達の援助である。

　「教育」とは、子どもの健やかな成長を支え、活動をいっそう充実させていくために保育者が行う「発達の援助」だと定義しています。
　「教育」を辞書（大辞林第3版）で調べると、「他人に対して意図的な働きかけを行うことによって、その人を望ましい方向へ変化させること」（傍点引用者）とあります。指針での「教育」の説明と併せて考えると、「子どもが健やかに成長し、その活動がより豊かに展開される」ことが「望ましい方向」であり、それを「意図」して「発達の援助」を行うことが教育という行為だといえます。
　まとめると、命を守り情緒を安定させる「養護」と、健やかな成長と活動の充実を目指して発達を援助する「教育」ということになります。これらは実践において切り分けられるものではなく、重なり合う部分が大きいため、「一体的に行う」と述べられているわけです。
　例えば、保育士が1歳児に離乳食を与える場面について考えてみましょう。離乳食を食べさせることは、その子の生命の保持という意味で「養護」です。また同時に、体や心が健やかであってほしい、健康に育ってほしいというね

がいをもって離乳食を与えているので、もし遊んでいて全く食べないという場合は、その子に声をかけながら食べるように促していくでしょう。このようなねがいや目的をもった関わりは、食べるということに対する教育的な意味を含む食育にもつながります。

　このように具体的な場面を考えると、養護と教育とは別々に行うのではなく、一体的に展開するものだということがわかります。

■ 1-2　乳幼児期の「教育」

　さて、ここで用いられている「教育」の意味はとても広いものだと気づいたでしょうか。先ほどの例は、養育者としての保育士が、食べるということを子どもに伝えていく行為です。生活リズムや基本的生活習慣と密接に関わるという点で、家庭教育に近い性質の教育といえます。「教育」には、家庭で保護者が行う家庭教育、学校で教師が行う学校教育、地域で行われる社会教育などの意味が含まれます。そのため、教育という言葉から何をイメージするかは人によって異なるようです。教育という言葉が表す概念の広さゆえです。

　指針の「養護及び教育を一体的に行う」という記述は、2017（平成29）年の改定前から変わらずに引き継がれています。ただ今回の改定で、保育所は「幼児教育を行う施設」として位置付けられ、指針にも「幼児教育を行う施設として共有すべき事項」が新たに加えられました。これは幼稚園教育要領と幼保連携型認定こども園教育・保育要領との整合性を図るためですが、指針の「養護及び教育」に「幼児教育」の意味が十分に含まれていたのなら、改定時に加える必要はなかったと考えられます。養護及び教育の意味とともに、今回加わった「幼児教育」の意味も追って考えてみましょう。

2 乳児期から就学前までの養護と教育

　保育所や認定こども園は0歳から子どもを受け入れるため、家庭と連携・協力しながら、基本的生活習慣の獲得や人に対する信頼感の形成などといった家庭教育の一部も担います。近年は低年齢児の保育ニーズが高く利用率も高まっているため、改定後の指針では、乳児保育（0歳から1歳未満）や1歳以上3歳未満児の保育についてより詳しく記述されています。

■ 2-1 乳児保育

　「乳児保育に関わるねらい及び内容」の基本的事項としては、以下のように記されています。

　　乳児期の発達については、視覚、聴覚などの感覚や、座る、はう、歩くなどの運動機能が著しく発達し、特定の大人との応答的な関わりを通じて、情緒的な絆が形成されるといった特徴がある。これらの発達の特徴を踏まえて、乳児保育は、愛情豊かに、応答的に行われることが特に必要である。（傍点引用者）

　まずは保育者が乳児を受けとめ、応答的に関わっていく中で情緒的な絆が形成されるという発達像が見えてきます。信頼できる大人に守られ安定して過ごせることが重要で、養護の要素が特に大きい時期だといえるでしょう。この乳児保育の基本的事項を踏まえて、ねらいと内容は以下の3つの視点からまとめられています。

　　身体的発達に関する視点「健やかに伸び伸びと育つ」
　　社会的発達に関する視点「身近な人と気持ちが通じ合う」
　　精神的発達に関する視点「身近なものと関わり感性が育つ」

■ 2-2 1歳以上3歳未満児の保育

　次に、1歳以上3歳未満児の保育に関する基本的事項を引用します。先に
あげた乳児保育の基本的事項と比べながら読んでみましょう。

　　この時期においては、歩き始めから、歩く、走る、跳ぶなどへと、基
　本的な運動機能が次第に発達し、排泄の自立のための身体的機能も整う
　ようになる。つまむ、めくるなどの指先の機能も発達し、食事、衣類の
　着脱なども、保育士等の援助の下で自分で行うようになる。発声も明瞭
　になり、語彙も増加し、自分の意思や欲求を言葉で表出できるようにな
　る。このように自分でできることが増えてくる時期であることから、保
　育士等は、子どもの生活の安定を図りながら、自分でしようとする気持
　ちを尊重し、温かく見守るとともに、愛情豊かに、応答的に関わること
　が必要である。(傍点引用者)

　ここでは、「自分で」ということが繰り返されています。乳児期の保育は
応答的・情緒的という要素が大きく、保育者がまずはしっかりと子どもを受
けとめて育ちを支えていくことが重視されていました。一方、1歳以上にな
ると心身の諸機能も徐々に整ってくるので、保育者の援助を受けながら少し
ずつ子どもが自分で行えるように、また、自分の意思を伝えていけるように
支えることが求められます。その際、やはり応答的に関わることが乳児期と
同様に大切です。

■ 2-3　3歳以上児の保育

　続いて、3歳以上児の保育に関する基本的事項を見ていきます。3歳未満の基本的事項からどう変化しているでしょうか。

　この時期においては、運動機能の発達により、基本的な動作が一通りできるようになるとともに、基本的な生活習慣もほぼ自立できるようになる。理解する語彙数が急激に増加し、知的興味や関心も高まってくる。仲間と遊び、仲間の中の一人という自覚が生じ、集団的な遊びや協同的な活動も見られるようになる。これらの発達の特徴を踏まえて、この時期の保育においては、個の成長と集団としての活動の充実が図られるようにしなければならない。

　3歳以上になると、基本的な動作や基本的な生活習慣が身についてきます。言葉が著しく発達し、知的興味や関心も高まり、関心の内容もより複雑になってきます。自分の気持ちを言葉で表現して他者に伝えたり、他者の気持ちに耳を傾けたりすることも徐々にできるようになるので、それが「集団的な遊び」や「協同的な活動」につながっていくのです。3歳未満の保育では、子どもの「自分でやりたい」「自分を見てほしい」という気持ち、つまり「個」をしっかり受けとめることが特に重視されてきましたが、3歳以降は「仲間の中の一人という自覚」も出てきます。そのため、保育者には子どもを個として見る視点だけでなく、集団の中に位置付けて見る視点も必要となってきます。

　なお、1歳以上3歳未満児の保育および3歳以上児の保育のねらいと内容については、以下の5領域から記されています。

　心身の健康に関する領域「健康」
　人との関わりに関する領域「人間関係」
　身近な環境との関わりに関する領域「環境」

言葉の獲得に関する領域「言葉」

感性と表現に関する領域「表現」

■2-4 発達に応じた養護と教育

　このように、乳児から3歳以上児の保育に関する基本的事項を順に見ると、保育者に守られていた部分が多かった乳児期から、自分でやりたいという気持ちが徐々に出てきて、3歳以上になると身の回りのことがほぼ自立できるようになっていく様子がわかります。発達に応じて子どもが自分でやろうとする気持ちを尊重し、自分でできるところを見守っていく姿勢が保育者には必要です。見守りつつ、少しずつ子ども本人に任せていくためにあえて手を出さないという見極めも大切でしょう。こういった場面でじっくり考え込んでいる余裕はないため、保育者は忙しく思考を働かせて子ども理解から援助につなげていきます。

　特徴的なのは、0歳から3歳未満の保育では「応答的」という言葉を用いて基本的事項を記述していますが、3歳以上の記述になると「応答的」という言葉を使わなくなるという点です。3歳以上の基本的事項に「個の成長と集団としての活動の充実が図られるようにしなければならない」とあるように、保育者の意図的な関わり、ねらいをもった援助が求められています。

　漫然と子どもを見るのではなく、自分でやろうとする姿に対しては応答的に、自分で（自分たちで）できることについては発達に応じた意図的な関わりをしていくことが大切です。子どもの周りに、子どもが発したメッセージに反応する大人や仲間がいてくれることが、次の行為を引き出すことになります。

　事例を通して、実践の場面を具体的に考えてみましょう。

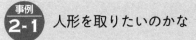

人形を取りたいのかな

0歳児クラス／7月

　生後11か月のミズホちゃんが、壁に備え付けている棚につかまってその上に手を伸ばそうとしています。最初は何をしようとしているのかわかりませんでしたが、どうやら棚の上にある人形を取ろうとしているようです。しかしあと少しのところで手が届かず、ミズホちゃんはぐずり始めてしまいました。その様子を見ていた保育者が人形を取ってミズホちゃんに渡してあげると、ミズホちゃんは泣き止み、人形を使って遊び始めました。

　まだ言葉の話せない乳児が泣いたりぐずったりするというのは、何らかの意思表示だと考えられます。事例2-1でミズホちゃんがぐずったのは人形を取りたいという意思表示でしたが、空腹のときやおむつが濡れて気持ち悪いとき、人見知りや後追いでも泣いたりぐずったりするでしょう。ただ普段からよく接している保育者や保護者だと、その泣き方で何を求めているのかわかる場合もあります。今回の事例では、保育者がミズホちゃんの姿を見て「棚の上の人形を取りたいんだな」という判断をしました。子どもの様子をしっかりと見ることで、今何を求めているのか理解していきます。

　ところが同じような場面でも、常に同じ対応をしていればいいわけではありません。たとえば事例2-1のミズホちゃんが2歳だとしたら、保育者は同じ対応をするでしょうか。人形をすぐに取ってあげることが間違いというわけではありません。しかし、ミズホちゃんが自分で取れるように、例えば踏み台を持ってくるという関わり方もあるでしょう。大人が先回りしてやってしまうよりも、自分でできるように一歩手前まで援助するほうが望ましい場合もあります。

　さらに、ミズホちゃんが5歳だとして、木の枝に引っかかった凧を友達と取ろうとしている場面を想像してみてください。長い棒を使って凧を取ろうとしていますが、糸までは届くものの凧本体にはなかなか届きません。この

第2章　子ども理解に基づく養護及び教育の一体的展開

場合も、保育者が取ってあげる、脚立を持ってくるという援助はできます。ただこれまでと違うのは、友達と一緒にどうやって取ろうか考えて試行錯誤しているという点です。すぐに介入せずしばらく様子を見るという判断もありえます。友達といろいろ工夫してみたうえで保育者に助けを求めてきたら、そこで初めて相談にのるということでもよいでしょう。凧が取れたという結果だけでなく、友達とどう工夫して取るかという過程も、5歳くらいの子どもたちにとっては重要な育ちの契機となります。このように同じような場面であっても、子どもたちの年齢や時期などを見計らって援助することが重要です。大人が手を出すことが最善とは限りません。

3 「幼児教育」の意味

　さて、前述したとおり、2017（平成29）年の改定の際、指針の第1章総則に「幼児教育を行う施設として共有すべき事項」が記載されました。「育みたい資質・能力」（通称：3つの柱）と「幼児期の終わりまでに育ってほしい姿」（通称：10の姿）という項目としてまとめられています。これらは、要領および教育・保育要領と共通の事項です。

　ただし要領では、「幼児教育を行う施設として…」という言葉は使われていません。その理由は、筆者の解釈では、幼稚園において幼稚園教諭が行ってきた学校としての教育そのものが「幼児教育」だと捉えられているからです。だからあえて「幼児教育」とは書かないのです。制度上、幼稚園は学校教育法に定められた学校の一つであり、そこで行う（幼児）教育のねらいは学校教育法や幼稚園教育要領に示されています。そのねらいに基づいて、各園の教諭（保育者）が意図をもって幼児教育を行うということです。本章第1節で説明した「養護及び教育を一体的に行う」という場合の「教育」と、学校教育法や要領に基づきねらいをもって行う実践としての（幼児）「教育」の意味をそれぞれ理解しておく必要があります。

4 「3つの柱」と「10の姿」

　家庭教育のねらい、つまり各家庭の子育ての方針は保護者が考えるものです。園で行う場合は保育者が考えるわけですが、その際には指針や要領、教育・保育要領に示されるねらいを想定して実施しています。

　2017（平成29）年に告示された新しい指針や要領等では、これまでの5領域といった概念に加えて「3つの柱」「10の姿」が示されました。3つの柱である「知識及び技能の基礎」「思考力、判断力、表現力等の基礎」「学びに向かう力、人間性等」は、小学校以降の学校教育と共通の事項です（図2-1）。保育所や幼稚園、認定こども園などがこの柱を意識して幼児教育を行うことで、就学後の教育につながっていくという設計がされています。そのため、就学前教育から小学校、中学校、そして高等学校の教育までを貫く「3つの柱」とされたのです。

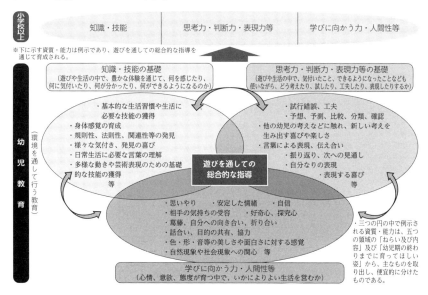

図2-1　幼児教育において育みたい資質・能力の整理

出所：中央教育審議会初等中等教育分科会教育課程部会幼児教育部会資料（平成28年8月26日）

第2章　子ども理解に基づく養護及び教育の一体的展開

これまでも、各園で5領域を踏まえて幼児期の教育に取り組んできている
はずです。ただ今回の改定では、小学校以降の学校教育に連なる、あるいは
基盤となるような「3つの柱」「10の姿」が示されたので、いずれの保育施
設でもこれらの姿を念頭に置きつつ積極的に「幼児教育」に取り組んでいき
ましょう。

　ただし誤解してはならないのは、図2-1に示すように、3つの柱をつな
ぐものは「遊びを通しての総合的な指導」なので、遊びを大切にしてきたこ
れまでの実践と何ら変わらないということです。3つの柱、そして10の姿
を取り出して育てるのではなく、総合的に指導していくのがその基本です。

　その際、「遊び」というのが根幹になっているので、子どもが今何に興味
をもっているのかという理解が不可欠です。子どもたちが自分のやりたい気
持ちを基に行うのが遊びですので、目の前の子どもたちが今何をしたいのか、
今後遊びをどうしていきたいのかをしっかりと見極めていくためにも、子ど
も理解が非常に重要なのです。

演　習　課　題

　保育施設における養護と教育について、具体的な例をあげながら考えてみま
しょう。例えば、0歳児がミルクを十分飲むこと、3歳児が自らトイレで排泄
すること、4歳児が遊んだ後に自ら片付けをする
ことについて、それぞれ想定される保育者の援助
を思い浮かべてください。援助における養護的な
要素、教育的な要素について検証しましょう。

第3章

子どもに対する
共感的理解と
子どもとの関わり

　子どもを理解することは保育実践において不可欠ですが、私たちが子どもではないだけに難しいところもあります。保育者は、どのような視点で子ども理解をしていけばよいのでしょう。保護者に近い視点でしょうか。あるいは子どもの仲間のような視点でしょうか。本章で考えていきます。

1　子どもに共感する

まず次の事例を読んでみてください。保育所でのエピソードです。

 事例
3-1　新しい靴を買ってもらったハルキくん

4歳児クラス／6月

　ハルキくんは外遊びが大好きです。保育所でも園庭で遊ぶことが多く、室内で過ごしているときよりも外にいるほうがずっと生き生きしています。ここ数日は雨続きで、外で遊べずつまらない思いをしていましたが、今日は雨が上がってようやく外遊びができそうです。園庭には大きな水たまりがいくつもできています。

　ハルキくんはこの日、母親に買ってもらった新しい靴を履いてきていました。その靴を履いて園庭に出たハルキくんは、深さを探るように恐る恐る水たまりに近づきましたが、そのうち大胆に入り始めました。靴の外側はすっ

かり濡れてしまい、このままでは中までずぶ濡れになりそうです。いつもは汚れてもいい靴で来てもらっていますが、今日はおろしたての新しい靴です。保育者は、ハルキくんの遊びを止めたほうがいいだろうかと迷ってしまいました。

　皆さんにも、ハルキくんと同じような経験がありませんか。新しい靴を買ってもらったら、嬉しくて早く外で履いてみたくなりますし、長靴ならわざと深い水たまりに入ってみたくなるものです。ただハルキくんの場合は長靴ではなく、スニーカーでした。それも買ってもらったばかりの新品です。普段ならハルキくんが元気に外で遊ぶ様子を微笑ましく見ている保育者も、この日ばかりは水たまりに入るままにしてよいのか迷いました。

　このようなときに、誰の立場から気持ちを理解するのか考えてみてください。保育者がハルキくんを止めようかと迷ったのは、新しく買ったばかりの靴を水たまりで汚してしまったら、ハルキくんの母親が落胆したり怒ったりするかもしれない、と考えたからでしょう。保護者の気持ちに共感しようとする考え方だといえます。

　さらにその先までを想像し、「ハルキくんのお母さんが怒ったら、その矛先が保育者である自分に向けられるかも」と考えたとします。これは自分が非難されたくないという利己的な判断といえます。このような考え方は誰でも陥りやすいものなので、常に注意を払う必要があるでしょう。

　事例3-1のようなとき、ハルキくんの気持ちになって考えてみたらどうなるでしょうか。新しい靴で水たまりに入っていくハルキくんを見て、止めようかと一瞬考えるものの、「自分も小さい頃に同じことをやったなあ」などと考え直し、そのまま見守るということもありえます。このように子どもの気持ちに寄り添って子どもを理解しようとする態度を「共感的理解」といいます。

　事例3-1の保育者は、ハルキくんを制止せず見守ることにしました。そ

の日母親が迎えに来たときに保育者のほうから丁寧に状況を話して、謝罪の言葉も添えたところ、母親は「いいんですよ、いつか汚れるものですから」と言って気にする様子もなく、ハルキくんが叱られることもありませんでした。

2 保育の両義的な側面

いつでも共感的理解ができれば、子どもも保育者も常に充足していられることでしょう。しかし、そうはいかないのが現実です。なぜなら保育所や幼稚園などの施設における保育では、複数の子どもたちが対象になるからです。

家庭で一人の子どもを相手にしている場合であっても、そこには子どもだけでなく、子どもに関わる保護者の気持ちや都合が関係してきます。もし親子間で事例3-1のような場面があったら、保護者の頭の中には「子どもを思いきり遊ばせたい」という気持ちと、「また靴を洗わなくちゃいけない」という気持ちが同時に芽生えることでしょう。親であると同時に生活者でもある保護者にとって、予定外の仕事が増えることは切実な問題です。思わず、「水たまりに入っちゃだめ!」と大きな声を出してしまうかもしれません。このように2つの意味や価値に挟まれて困惑する様子は、両義性という言葉で表現されます[1]。

保育は両義的な場面の連続です。事例3-1は、一人の子どもとその保護者の気持ちを考え、「思いきり遊んでほしい」「やめてほしい」という気持ちの間で悩んだという例でした。保育実践の中で共感的理解が難しいのは、園では大勢の、しかも多様な子どもたちを相手にしているためです。保育者の悩みの多くはそこにあるともいえます。次の事例はそんな場面に焦点を合わせたものです。

---

1 鯨岡 峻『両義性の発達心理学―養育・保育・障害児教育と原初的コミュニケーション』ミネルヴァ書房、1998

第3章 子どもに対する共感的理解と子どもとの関わり

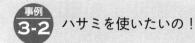

3歳児クラス／5月

　5月末のある日、ヨウコちゃんのクラスの子どもたちは室内で制作をする
ところです。3歳児クラスの5月だとハサミの扱いの個人差が大きいので、
担任保育者は指先を使う制作の準備をしていました。自由にちぎった折り紙
を画用紙に貼る、ちぎり絵です。

　4月生まれのヨウコちゃんは皆より体も大きく、何でも上手にこなします。
家でもいろいろな経験ができているようで、クラスの中ではとても器用にハ
サミを使えるほうです。周りの子どもたちが折り紙をちぎっている中、ヨウ
コちゃんは自分のロッカーからハサミを持ってきて、折り紙をハサミで切り
始めました。担任は、「ヨウコちゃん、今日は指でちぎってみよう」と声を
かけてみましたが、ヨウコちゃんは「ハサミでやりたい！」と言い張ります。
保育者は悩みましたが、ここでヨウコちゃんにハサミを使うことを認めると、
まだ手指の動作がおぼつかない子もハサミを使いたくなるかもしれません。
指先を使うという活動のねらいからも離れてしまいます。そこで、「ヨウコ
ちゃんが上手にハサミを使えるのは先生も知ってるんだけど、今日はハサミ
を使わないでやってみようか」ともう一度言ってみました。するとヨウコち
ゃんは不機嫌になり、「もうやらない！」と言ってハサミで切った折り紙を
まき散らし、机に突っ伏してしまいました。

第Ⅰ部　子ども理解の意義と原理

このような場合、あなたが保育者だったらどうするでしょうか。ヨウコちゃんの要求どおり、ハサミを使うままにしておくでしょうか。しかしその場合、事例の担任保育者が懸念したように、他の子どもたちもハサミを使いたいと言うかもしれません。担任としては、ハサミを使うのはもう少し先のほうがよいだろうと考えており、今日はそれよりも前の段階として、指で折り紙をちぎって貼るという経験をしてほしかったのです。

　先にあげた事例3-1とは違って皆で同じ活動をしている場面ですから、共感的理解を示すにも、様々な状況を考え合わせなくてはいけません。現場では、このような状況にしばしば直面します。活動そのものに具体的な保育のねらいがあるので、子どもに共感的理解を示したくても、「何でも認めるわけにはいかない」と考えてしまいます。だからこそ、事例3-2の担任もヨウコちゃんを説得しようとしたわけです。

　子どもに共感的理解を示すというのは、やりたいことを常に何でもさせるという意味ではありません。事例3-2の場合、保育者はヨウコちゃんがハサミを使えることを認め、言葉にすることで、「ヨウコちゃんのことをいつも見ているよ、わかっているよ」というメッセージを伝えようとしていました。そのうえで、ハサミを使わないやり方を促そうとしたのです。しかし、その言葉はヨウコちゃんに響かなかったようです。

　養育する側の思いが強すぎると、その思いが子どもに対して「権力者の意志として働く可能性」[2]があります。自分はその子に対して誠意をもって接していると考えるからこそ、理想とする反応を強く求めてしまうことを指しています。この「権力者の意志」に歯止めをかけるのは何か、それは「幼児という存在への好奇心」[3]だといいます。ヨウコちゃんがハサミを使いたかったことは保育者のねらいとずれていたかもしれません。その場で事例に示したような対応をしたことはやむを得ませんが、あとでヨウコちゃんがハサ

　2　小川博久・林信二郎編著『保育者論』樹村房、2002、p.32
　3　同上

第3章　子どもに対する共感的理解と子どもとの関わり

ミを存分に使える活動を提案してみるなど、彼女の気持ちを受けとめる対応が必要です。

　このようなときは、自分で振り返って検討しつつ、園内のカンファレンスでも話題として取り上げてもらうとよいでしょう。「ヨウコちゃんはこんなふうに感じたのではないか」「自分ならこうやって応じたと思う」といった意見を聞くことが、複眼的な視点を取得することにつながります。

3　子ども理解と援助の往還

　繰り返しますが、集団を対象に行う保育では、いつでも共感的理解を示すことは難しいものです。だからこそ、共感的理解を常に意識する必要があります。よりよい保育者になるためには、ふとした場面で「今、私は子どもの立場を意識できているだろうか」という視点をもつことが求められます。このように自分を客観視できれば、先ほど提案したような園内研において取得した他者の考え方を思い出すことも可能です。

　次にあげるのは、子ども理解と援助がどう連動していくかを示す事例です。

 おへやにグルグルがいるよ

事例 3-3

3歳児クラス／6月

　キョウスケくんには、3歳上の兄ケンスケくんがいます。この春から、ケンスケくんは小学校に、キョウスケくんは兄が卒園した幼稚園に通っています。

　第1子の小学校入学ということで、両親ともケンスケくんが学校生活についていけるか大変心配していました。一方、キョウスケくんは兄弟げんかでケンスケくんを泣かせてしまうくらい活発なので、両親の心配はケンスケくんに集中しました。

　6月初旬、キョウスケくんが園生活にも慣れてきた頃のことです。登園してきたキョウスケくんは、突然玄関口で寝転びました。保育者たちは「ここ

は皆が通るところだから、お部屋に入ろうね」と声をかけましたが、キョウスケくんは全く動きません。担任保育者が「お部屋に行こう」と誘っても耳を貸さず、口を一文字にして踏ん張っています。

とうとう園長先生が来て園長室に誘うと、やっと移動し始めました。翌日から毎日同じことが続き、キョウスケくんは午前中を園長室で過ごすようになりました。園長先生の膝に座ってお話をしたり絵本を読んでもらったりしています。

そうして1週間が経ちました。家庭では普段と変わらないキョウスケくんですが、園ではやはり保育室に入ろうとしません。園長先生に、「たんぽぽ組（キョウスケくんのクラス）にグルグルがいるよ」「グルグルがいるから怖い」などと話しています。いつもはゆったりと構えている園長先生ですが、キョウスケくんの言葉が気になり、担任と一緒に保護者と面談しようと決めました。園長先生がキョウスケくんの母親と電話で話して、5日後に面談の約束をしました。

今までケンスケくんばかり心配していた両親は、キョウスケくんについての面談の申し入れに驚きました。「この子の何が悪かったのだろう」「家では何も変わらないのに」と、いつもよりキョウスケくんを気にかけるようになりました。それまでは毎日「ケンスケ、ケンスケ、大丈夫？」だったのが、「キョウスケ、キョウスケ」に変わっていました。

するとどうでしょう。面談当日、キョウスケくんは玄関先で寝そべることもなく、好きな遊びやクラスの活動にも積極的に取り組むようになったのです。「グルグル」のことも一切言わなくなりました。園長先生が尋ねると、「グルグルってなあに？」と、覚えていないようです。

母親との面談は、キョウスケくんが園で生き生きと過ごしているという話で終わりました。それでも園長先生は、家庭で引き続きキョウスケくんのことも気にかけてくれるようにお願いしました。

第3章　子どもに対する共感的理解と子どもとの関わり

キョウスケくんの言う「グルグル」とは何だったのでしょう。もしかしたら、園長先生と話をしたり気にかけてもらうためのきっかけづくりだったのかもしれません。キョウスケくんは嘘をついて先生を困らせようと思ったわけではなく、園長先生との親密な関わりを求めている様子がわかります。家庭では小学校に入学するケンスケくんにばかり両親の目が向き、キョウスケくんは寂しい思いをしていたとも考えられます。その「寂しい」という気持ちが、言葉ではなく甘えるという行動に現れたのではないでしょうか。きょうだいが生まれたときなど、「赤ちゃんがえり」が上の子によく見られますが、キョウスケくんの行為も一種の赤ちゃんがえりだったのかもしれません。

　キョウスケくんの園での様子を知った両親は、兄のケンスケくんだけでなくキョウスケくんも気にかけるようになりました。そうするとまもなく「グルグル」のことも言わなくなり、元気なキョウスケくんに戻ったようです。両親がキョウスケくんへの関わり方を変化させたことで、キョウスケくんの行動自体に変化が現れました。そうすると、キョウスケくんに対する両親や保育者の理解も変わっていきます。

　このように、子ども理解と子どもへの関わり方は互いに影響し合いながら変化していくため、往還的な関係ともいえます。子どもに対する意識の変化がその子への関わり方に反映され、関わり方が変われば子ども自身にも何らかの変化が起こり、子どもに対する理解がまた変わっていきます。保育者が子どもへの関わり方を変えるときには、何か子どもに対する思いがあって変化させるわけですから、援助の基盤には必ず子ども理解があるといえます。

4 集団を対象とした共感的理解

　続いては、子ども集団を対象に共感的理解をしていくことについて考えてみます。

　例えばクラスの子どもたち全員に対して、保育者は常に共感的理解ができるでしょうか。幼稚園では最大35人の子どもたちを一人の保育者が担当しなくてはなりません。35人がバラバラに遊んでいたら、共感的理解を示していくのは非常に難しいでしょう。ただ、ある程度集団としてのまとまりができてくると、遊びのグループごとに理解することが可能となります[4]。「一人一人を理解し大切にする」とは、主張としては正しいけれど、実際には非常に困難なわけです。困難ではあるけれど、クラスという大きな集団の中に遊びを中心としたいくつかの小集団ができてくれば、その遊び集団ごとに子どもを理解し援助していくという方法が導き出せます（p.76 - 参照）。

　ただし、同じ遊び集団に入っている子どもたちが全員同じところを目指して遊んでいるかといえば、そうでもありません。その遊びの中でやってみたいことや経験していることは様々なので（p.13 - 事例1 - 1参照）、保育者が遊びに関わり、関わる中で子どもたちの理解を深めていくことが必要です。保育における子ども理解は、発達検査のように子どもを別室に連れ出して、決まった手順に従い個別に行うものではありません。集団を対象に保育を行っていく中で、子どもたちと関わりながら、一方では「この集団になじめない子はいないだろうか」「この子たちの遊びはこんなふうに変化していきそうだ」といった今後の援助方針の基になる子ども理解を進めているのです。

　子どもたちの目線から見たような共感的理解をすることによって遊びの目的が見えてきたり、必要な援助が何かというヒントが得られたりします。発

4　小川博久／スペース新社保育研究室編『保育援助論 復刻版』萌文書林、2010

達検査などの客観的な情報は重要ですが、それだけで実践していくことはできません。子どもに共感するからこそ、子どもの理解者にもなれるし、子どもと同じ立場・目線に立つこともできるのです。

幼稚園教育要領の第1章総則の第4「指導計画の作成と幼児理解に基づいた評価」にも、「教師は、理解者、共同作業者など様々な役割を果たし、幼児の発達に必要な豊かな体験が得られるよう、活動の場面に応じて、適切な指導を行うようにすること」と示されています。

5　保育者の心持ち

本章の最後に、保育者がどのような心持ちで保育に向き合えばよいかについてふれておきます。ここまで述べてきたように、両義的な場面が連続する保育現場で共感的理解に努めることは容易ではありません。子どもの気持ちに寄り添おうと思いながらも、「この素材はこう使ってほしい」「こんなふうに楽しんでほしい」といった思いが前に出てしまい、共感的理解から遠ざかってしまうことも多いでしょう。保育・教育の実践は、完璧を目指せるようなものではなく、常に反省すべき点が残ります。それをわかったうえで、できるだけ実践を向上させていこうとする姿勢が、優れた保育者として欠かせない資質なのです。倉橋惣三は、著書『育ての心』で以下のように書き残しています。

　子どもらが帰った後
　　子どもが帰った後、その日の保育が済んで、まずほっとするのはひと時。大切なのはそれからである。
　　子どもといっしょにいる間は、自分のしていることを反省したり、考えたりする暇はない。子どもの中に入り込みきって、心に一寸の隙間も残らない。ただ一心不乱。
　　子どもが帰った後で、朝からのいろいろのことが思いかえされる。わ

れながら、はっと顔の赤くなることもある。しまったと急に冷汗の流れ出ることもある。ああ済まないことをしたと、その子の顔が見えてくることもある。──一体保育は……。一体私は……。とまで思い込まれることも屢々である。

　大切なのは此の時である。此の反省を重ねている人だけが、真の保育者になれる。翌日は一歩進んだ保育者として、再び子どもの方へ入り込んでいけるから。[5]

　常に完璧な保育をすることは難しいけれども、「此の反省を重ねている人だけが、真の保育者になれる」と言っています。一日一日、力をつけながら真の保育者を目指していきましょう。

演 習 課 題

　自分が子どもだった頃、親や保育者に怒られて納得できなかったことはありませんか。そのときの状況を思い出して、当時の自分（子ども）の気持ちと親や保育者（大人）の気持ちをそれぞれ考えてみましょう。

5　倉橋惣三『育ての心』（上）、フレーベル館、1976、p.45

子どもの生活と遊び

1　なぜ遊びが重要なのか

　乳幼児期の生活の中心となるのは、子どもたち自らが選択した遊びです。子どもたちは遊びの中で様々な経験を積み重ね、実体験から学びを深めていきます。しかし、幼稚園などの保育施設において遊びを通した学びを保障していくのは容易ではありません。

　まず遊びとは何か考えてみましょう。大人が遊びについて言及する場合は、おおむね「遊びの他にやるべきことがある」と想定しており、それと対比して語られます。仕事が休みなので遊ぶ、大学が夏休みなので遊びに行くなど、やるべきことがない状態で余暇を楽しむときに「遊び」といわれます。そのため、遊んでばかりいることはあまり望ましくないと見なされますし、もし学生が授業に出ず遊んでばかりいたら周囲は呆れたり心配したりするでしょう。仕事や学業と対比されるものとして遊びがあるからです。

　一方、乳幼児期の遊びはどうでしょうか。仕事や勉強に取り組む大人と違って、乳幼児は何かすべきことが決まっているわけではありません。保護者や保育者に生活を守られたうえで、人としての基盤をつくる時期です。その基盤を築くために最も重要な活動が遊びなのです。なぜ遊びが重要かといえば、自分がやりたいことを見つけてそれに取り組んでいくという、主体性を中心とした活動だからに他なりません。幼稚園教育要領の前文には、遊びを

保障するための大人の役割が以下のように記されています。

　　　幼児の自発的な活動としての遊びを生み出すために必要な環境を整え、
　　一人一人の資質・能力を育んでいくことは、教職員をはじめとする幼稚
　　園関係者はもとより、家庭や地域の人々も含め、様々な立場から幼児や
　　幼稚園に関わる全ての大人に期待される役割である。家庭との緊密な連
　　携の下、小学校以降の教育や生涯にわたる学習とのつながりを見通しな
　　がら、幼児の自発的な活動としての遊びを通しての総合的な指導をする
　　際に広く活用されるものとなることを期待して、ここに幼稚園教育要領
　　を定める。(傍点引用者)

　遊びが生まれるような環境や条件を整える役割は、保育者はもちろん、幼
児に関わるすべての大人に期待されています。そして、「遊び」という言葉
の前に「自発的な活動としての」と記されていることに注目してください。
このように書いているのは、ただ「遊び」といってしまうと誤解や誤用が生
まれる恐れがあるからです。例えば、遊びの前に言葉をつけて「文字遊び」
「数遊び」というような使い方をして、保育者が到達目標を設定し活動の選
択の余地なく幼児にさせるような教育カリキュラムまでもが遊びと認識され
てしまうかもしれません。これらは、いくら遊びという言葉がついていても、
本当の意味での遊びではありません。そこに子どもの自発性がないからです。
　遊びとは自らが選択して行う活動のことで、無理にやらされていては遊び
にならないのです。自分が選んで行う活動だからこそ興味をもって楽しみな
がら取り組めますし、思うようにいかなかった場合も、どうすればうまくい
くかという工夫が生まれます。そして何より、自分でやりたいことを自分で
決めるという自発性や主体性の育ちにつながるというところが最も重要です。
　要領の第1章総則第1「幼稚園教育の基本」には、幼稚園教諭が重視すべ
き事項が3つあげられています。そのうちの2つをここで引用します。

第4章　子どもの生活と遊び

1　幼児は安定した情緒の下で自己を十分に発揮することにより発達に必要な体験を得ていくものであることを考慮して、幼児の主体的な活動を促し、幼児期にふさわしい生活が展開されるようにすること。

2　幼児の自発的な活動としての遊びは、心身の調和のとれた発達の基礎を培う重要な学習であることを考慮して、遊びを通しての指導を中心として第2章に示すねらいが総合的に達成されるようにすること。

（傍点引用者）

「幼児の主体的な活動」「幼児の自発的な活動」という表現がありますが、それらの土台となるのが、子どもたちが自ら選んで行う遊びといえるのです。自らが主体的・自発的に選択したものでなければ本来の遊びとはいえないということを、ここで確認しておいてください。

2　「遊びを通しての指導」の難しさ

遊びとは、子どもが主体的に選択したものであるという話をしてきました。次に、その遊びを通しての指導について考えてみます。

 事例 4-1　好きな遊びを見つけられない

5歳児クラス／5月

　トモカちゃん（5歳）は、この4月にA幼稚園へ転園してきました。トモカちゃんが以前通っていた園では毎日のように外部講師が来て鼓笛や水泳の指導をしていましたが、この春から、遊びを中心とした指導を行うA幼稚園に通うことになったのです。

　5月の連休明け、登園してきた子どもたちは、自分のロッカーに荷物を置くとそれぞれ好きな遊びを始めました。トモカちゃんのいるクラスは、担任保育者は変わりましたが、子どもたちは前年度と同じ仲間です。そのため、好きな遊びや仲のよいグループなどはある程度決まっており、皆すぐにそれ

　トモカちゃんが以前通っていた園では、子どもたちが好きな遊びをする時間は長くありませんでした。そのため、自分でやりたいことを見つけるという経験が不足していたと考えられます。このような場合、あなたが保育者だとしたらトモカちゃんの姿をどのように捉えて、どのように関わるでしょう。トモカちゃんが遊びに入らずにいるのも選択の一つなのだから、「余計なお世話」をせず、しばらく様子を見守るでしょうか。それとも、トモカちゃんが他の子どもたちの遊びに入っていけるよう声をかけてみたり、一緒に遊ばないかと誘ってみるでしょうか。

　そのときの状況にもよりますので一概には言えませんが、トモカちゃんのケースでは、保育者が全く介入せずに様子を見るというのはあまりにも消極的すぎるといえます。

　遊びは子どもたちのやりたいことが前提ですが、園などで行われる保育実践は、保育者のねがい（ねらい）がある営みです。子どもたちの自主性と保育者のねがい（ねらい）の間にあるからこそ、「遊びを通しての指導」は難しいのです。

子どもが存分に自分のやりたいことを見つけ、自己発揮している状態であれば、保育者の援助はそれほど多くなくてよいでしょう。逆に、やりたいことを見つけられずにいる場合は、なぜ今その子がそういう状況にいるのかをしっかり見極めることが必要です。例えば自分のやりたい活動に取り組む姿が前日まで続いていて、ひと休みしているような状況であれば、様子を見るという判断もありえます。しかしトモカちゃんの場合はそうではありません。自分のやりたい活動を見つけることが難しい、あるいは仲間関係がまだできていないので友達の輪になかなか入れないなど、何らかの課題がありそうです。

　このように、子どもの今の状況を見極め、そこにどういった援助が必要なのかを考える（ねがいをもって関わる）のが保育者の役割です。もし子どもが好きな遊びや活動を見つけられずにいるなら、状況をそのままにせず、環境構成を検討したり保育者がモデルを示したりするなど、できることを考えてみましょう。

　保育者側の目的だけで保育をしようとすると、幼児教育の本来の意味が失われてしまいます。倉橋惣三は『幼稚園真諦』の中で次のように述べています。

　　目的なしには一切の教育は存在しないのですが、目的だけで教育はあり
　　得ない。その目的をどういうふうにして、対象の特質に適応させていく
　　かの工夫があって始めて、そこに教育の実際が生れてきます。[1]

1　倉橋惣三『幼稚園真諦』フレーベル館、2008、p.14

第Ⅰ部　子ども理解の意義と原理

3 経験の質を考える

　ここまで述べてきたように、遊びの前提は「自発的な活動」であるということです。この自発的な活動が子ども自ら考えることにつながり、さらに自分で決めるきっかけにもなります。特に乳幼児期には、自分で考え自分で判断するという習慣を身につけることが重要です。それが将来的には個の確立につながり、その先に、自立した個と個が結びついて成り立つ社会が見えてきます。事例4-2、事例4-3は製作活動の一場面です。子どもたちがどのような経験をしているか考えてみましょう。

事例 4-2　先生が言ったとおりに描こうね

5歳児クラス／4月

　4月の後半、こどもの日に向けて鯉のぼりの製作を行うことになりました。この園では、行事を通して日本文化や季節感を子どもたちに感じてほしいと考え、年間カリキュラムに鯉のぼりの製作を組み込んでいます。

　5歳児クラスを担当しているケイコ先生は、①同学年の保育者と相談したうえで、子どもたちが各々画用紙にクレヨンで支柱を描き、そこに折り紙で作った鯉（真鯉、緋鯉、子鯉）を並べて貼ることにしました。ケイコ先生は、まず支柱の描き方を説明しました。②先生のイメージは、画用紙の左端に支柱を描いて、鯉の頭を左にして3匹貼るというものです。

　ところが、サトルくんは支柱を画用紙の右端に描いてしまいました。サトルくんはそのことに気づかず鯉を作っていたのですが、鯉を貼る段階になってケイコ先生が気づきました。先生は、「サトくん、先生、さっき何て言った？　こっち側（左側）に描こうって言ったよね。これじゃあ、③皆とお魚が反対になっちゃうよ。④そんなのを見たらお母さん、悲しくなっちゃうでしょ？　もう1回描こうね」といって新しい画用紙を渡しました。

第4章　子どもの生活と遊び

この事例から皆さんは何を感じとるでしょうか。この事例でまず考えさせられるのは、「サトルくんは鯉のぼりを楽しんで作り、文化や季節感を感じることができただろうか」ということです。活動の最初に立ち戻ると、保育者同士の話し合いのみで活動の流れが決められています（①）。5歳児クラスで、全員が同じ鯉のぼりを製作する必要があるかどうかということも考えさせられます。もし、このような活動が日々の中心的な保育内容となっているなら、子どもの主体性や自発性はどこで育まれるのでしょう。主体性や自発性を育てるために重要な遊びの時間は、どう保障されているのか疑問が残ります。

　また、全員が左向きの鯉のぼりを作るという設定ですが、もし鯉のぼりを各自作る場合でも、皆で同じ鯉を作り同じ向きに並べる必要があるでしょうか。左向きにしようと考えたのは保育者で、そこに子どもの選択の余地はありません（②③）。しかし実際の鯉のぼりは大きく翻り、あちこち向きを変えます。そのように、鯉を自由に並べたい子もいるでしょう。

　さらに、ケイコ先生の「お母さん、悲しくなっちゃうでしょ」という言葉には、自信のなさゆえに陥りやすい思考が垣間見えます（④）。ケイコ先生は、「保護者から、「どうしてうちの子だけ向きが違うのですか？」と聞かれたら困る」などと考えたのではないでしょうか。もし保護者からそのように聞かれたら、保育者が、「…ちゃんにとって、今は…のような経験が大切だと考えているので、…といった関わりをしています」などと伝えていけばよいのです。しかし、伝え方や日頃からの保護者との関係づくりに自信がないと、ケイコ先生のような思考につながってしまいます。

どの年齢の子どもにしても、活動の中に少なくともいくつかの選択肢は用意しておくのがよいと考えます。選択する余地がないと、子どもは自らの頭で考えなくなっていきます。

　では、クラス皆で取り組む活動の中で子どもたちの自発性や主体性を大切にするには、どういった環境構成・援助をしていけばよいのでしょう。今回の活動は年長児なので、例えば鯉のぼりやこどもの日についての絵本をきっかけに、「皆で鯉のぼりを作るとしたらどんなのがよいだろう」と投げかけてみるのはどうでしょうか。すべてを保育者が決めてしまうのではなく、子どもと相談しながら進めていくのです。こういった実践は時間がかかりますから、保育の計画全体を見直しながら進める必要が出てきます。しかし、このような実践の積み重ねが、自分で考える子どもの育ちにつながっていくはずです。鯉のぼりの製作に関しては、次のような事例もあります。

事例 4-3　こんなふうに作ってみたい

5歳児クラス／4月

　この園では、年長児になるとクラス皆で大きな鯉のぼりを作っています。どんな素材を使ってどんな鯉を作るかは自由で、①各クラスの子どもたちと担任保育者が一緒に考えて決めていきます。

　今年も担任から鯉のぼりのことを子どもたちに投げかけると、ビニール袋を使って皆が持って走れるくらいの大きな鯉のぼりを作りたいという話になりました。②担任は子どもたちの思いを受けとめ、ビニール袋などの素材を準備しました。子どもたちは袋を切り開いて丁寧につなげていき、大きな鯉のぼりを作りました。子どもたちが描いた絵が、うろこの模様になっています。数日かけて作り上げた子どもたちは、鯉のぼりを持って園庭を走り回り、他のクラスの子どもたちに披露していました。他のクラスでも、様々な色の布を使ったり、模造紙を切り貼りして作ったりと、③多彩な鯉のぼりが出来上がりました。

第4章　子どもの生活と遊び

事例4-2も事例4-3も、年長児が鯉のぼりを作るというエピソードですが、子どもたちの経験の質はだいぶ異なります。事例4-3では、子どもが自分たちで作りたい鯉のぼりを考え（①）、担任はサポート役に回っています（②）。結果として、クラスごとに様々な鯉のぼりが出来上がりました（③）。p.50で紹介した倉橋惣三の言葉を借りれば、文化を知ったり季節感を感じたりしてほしいという教育上の「目的」（ねがい）をもちつつ、子ども自身の考えや思いに気持ちを寄せた保育となっています。このような実践をするためには、子どもたちが今どんな気持ちで、どうしたいのだろうかという子どもの目線での理解が重要です。

　また、年長児は、「幼児期の終わりまでに育ってほしい姿」（10の姿）でいう「協同性」の育ちを特に意識する時期でもあります。要領では次のように説明されています。

　（3）協同性
　　友達と関わる中で、互いの思いや考えなどを共有し、共通の目的の実現に向けて、考えたり、工夫したり、協力したりし、充実感をもってやり遂げるようになる。

　事例4-3の活動にも、「共通の目的の実現に向けて、考えたり、工夫したり、協力したり」というねらいが読み取れるでしょう。

　また、文部科学省による資料『幼児理解に基づいた評価』には、この時期の子どもたちに対する保育者の役割が以下のように示されています。

　　幼稚園では、教師に支えられながら、幼児同士の関係の中から互いに協力することが芽生え、その協力し合う関係を生かして、一人ではできそうもないことに取り組んでいます。こうした幼児が協力して物事に関わり活動する中で幼児同士の人間関係は深まっていきますが、またそうした活動を通して、教師の助言を受けつつ、一緒に実現したい共通の目

的を見いだし、更にそれを具現化するために互いに協力して活動に取り組むようになります。そして、幼児は自分と他者の思いを共に実現できるかを考える中で、自己を一方的に主張することを抑制しながら、対象に即した学びによる自己発揮が可能になっていくのです。[2](傍点引用者)

「教師に支えられながら」「教師の助言を受けつつ」とあるように、子どもたちだけで何でもできるわけではありません。遊びも同じことです。子どもたちがやってみたいと思う気持ち、自発性を大切にし、存分に自己発揮できるよう支えたいものです。思いを実現できた喜びを子どもたちに味わってもらうことを目指して援助を重ねていき、その過程の中に、協同性など様々な側面が育つ状態をつくっていくのです。子どもの自発性・主体性をないがしろにした遊びはありえません。自発的・主体的な遊びを保障できているかを常に検証しながら、保育・教育に向き合っていきましょう。

演 習 課 題

　幼児期から小学校低学年頃までの間で、特に繰り返し行った遊びを思い出してみてください。その遊びの何がおもしろかったのか、なぜそれほど熱中したのか考えてみましょう。

　また、そこに大人が関わるとしたら、どのように関わってくれるとよかったか、あるいは楽しかったか、考えてみてください。

2　文部科学省『幼児理解に基づいた評価 平成31年3月』チャイルド本社、2019、p.6

第5章 人的環境としての保育者と子どもの発達

　子ども理解は、保育者が子どもをしっかり見るということが基本です。しかし保育者というのは見るだけでなく、「見られる」ことを意識するのも大切です。子どもたちの活動のモデルとして自分を意識してみると、保育中の一挙手一投足も大切だと気がつくでしょう。

　人的環境としての保育者は子どもたちにとってどのような意味があるのか、どのような援助が望ましいのか考えていきます。

1　人的環境としての保育者

■1-1　モデリング（観察学習）

　子どもの学びを考えたとき、そこにモデルとなる人がいるかどうかは重要なことです。教育心理学では学び（学習）が生起するメカニズムを様々な理論で説明しますが、その一つに、A・バンデューラが提唱したモデリング（観察学習）理論があります。バンデューラは、大人が人形を攻撃する映像を見る子どもと見ない子どものグループに分けて、映像と同じ状況に置かれたときに子どもがどう行動するかを観察しました。すると、映像を見たグループのほうが、人形を攻撃する確率が明らかに高かったのです。実験は条件を変えて複数回行われ、子どもが映像で見る暴力行為を模倣してしまうのはモデリングが生じているからだと説明しました[1]。現代では、その模倣が長く

続くものなのかどうか疑義が示されていますが、子どもが見たものを模倣する、少なからず影響を受けるというのは間違いなさそうです。

　私たちは学校で教育を受けてきていますから、教える人と学ぶ人がいて、カリキュラムに沿って勉強するという構図の「学び」は容易にイメージすることができます。しかし、学びとは教える人−教えられる人の間だけで生じるものではありません。例えばテレビ番組に出ているアイドルが歌い踊るのを見て、子どもたちがまねをすることはよくあります。ヒーローが出てくる番組の変身ポーズをまねて繰り返すうちに、全く同じポーズがとれるようになることも多いでしょう。アイドルやヒーローは振り付けやポーズを誰かに教えるつもりで動いているわけではありませんが、それを「すてき」「格好いい」と思った子どもたちは、自ずとその動きをまねて身につけてしまうのです。そこには、強い憧れの気持ちが存在しています。アイドルを見てすてきだと感じるのもヒーローを見て格好いいと思うのも「憧れ」ですから、それが原動力になり、子どもたちに広まっていくのです（p.169事例14 - 4も参照）。

■1-2 子どもの活動を引き出すモデル

　子どもたちが憧れる対象は、テレビなどに登場するアイドルやヒーローだけではありません。次の事例をご覧ください。

■■■■■■■■■■■■■■■■

　1　鎌原雅彦・竹綱誠一郎『やさしい教育心理学 第5版』有斐閣、2019、pp.59-63

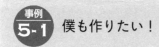

僕も作りたい！

　北海道の園でのことです。前日の夜に大雪が降ったおかげで、園庭は真っ白です。子どもたちは雪遊びがしたくて朝からワクワクしていました。

　5歳児クラスを担当するアツシ先生は、園庭でスコップを使って黙々と雪山を作っています。子どもたちが園庭に出てきても、先生はそのまま作業を続けていました。すると年長のソウタくんが、「アツシ先生、何やってるの？」と声をかけました。先生は「うん、大きなかまくらを作ろうかと思ってさ」と答えつつ、手をとめずに雪山を大きくしていきます。するとソウタくんが「ぼくも作りたい！」と言うので、先生はスコップのある場所を教えました。

　スコップを持ってきたソウタくんはアツシ先生と一緒に雪を掘って、その雪を山にのせて叩いて固めていきます。2人の姿を見ていた他の年長男児たちもやってきて、「オレもやりたい」「ぼくも」と言います。あとから来た子たちもスコップの場所を教えてもらい、皆でかまくらづくりに熱中しました。

　この事例では、アツシ先生が子どもたちの憧れの対象となっています。体の大きな大人が本格的な道具を使う姿は、それだけで子どもたちにとって十分に憧れの存在となります。アツシ先生はただ黙って手を動かしていただけですが、普段はあまり見ない大きなスコップを使って豪快に雪を掘り、大きな山にしていく姿に魅力を感じたのでしょう。先生が声をかけなくても、子どもたちのほうから「ぼくもやりたい」と言ってきたのです。これは保育者がモデルとなり、そこに観察学習が起こるという典型的な例といえます。

　子どもたちがスコップを使いたがるとあらかじめ考えていたのか、筆者がアツシ先生に聞いてみたところ、「年長の男の子たちが、きっと使いたいと言ってくるだろうと思っていた」と話してくれました。つまり、ただ作業をしているように装いつつ、実は子どもたちの活動を引き出すためのモデルと

して意識的に動いていたということです。これも、「あの子たち（体を使った遊びが好きで、普段からアツシ先生と遊ぶのが好き）が、おそらくやりたいと言うだろう」という子ども理解に基づく援助です。

2 隠れたカリキュラム（ヒドゥン・カリキュラム）

カリキュラムに含まれず、指導する側も教えるつもりはなかったにもかかわらず、知らず知らずのうちに子どもたちが学び取ってしまう知識や行動様式があります。「隠れたカリキュラム」、あるいは潜在的カリキュラムとも呼ばれています。誰が伝えているのかといえば、学校や園、指導者、そして周りにいる友達などです。方針や意図と関係なく伝わってしまうというのが「隠れたカリキュラム」の怖い部分です。事例5 - 2、5 - 3を見てください。

事例 5-2 「貸して」は言えるようになったけど

4歳児クラス／9月

保育所に通うヨウくんは、両親とも海外の出身です。父親の仕事の関係で、4歳の誕生日を迎えた頃に日本へやってきました。父親は日本語が話せますが、母親はほとんど話すことができません。

ヨウくんは当初園生活に戸惑っていましたが、少しずつ自己発揮できるようになってきました。ある日、ヨウくんが友達の使っている積み木を黙って持っていってしまったので、担任保育者は「ヨウくん、おもちゃを使いたいときは貸してって言うんだよ」と話しました。その後もたびたび同じようなことがあったので、担任は繰り返しヨウくんに伝えました。

ヨウくんは少しずつ「貸して」と言えるようになってきたのですが、相手の返事を聞かずにおもちゃを持っていくので、子ども同士のトラブルの原因になってしまいます。担任は、「ヨウくん、お友達がいいよって言ってから使うんだよ」と伝えたのですが、ヨウくんは納得がいかないようで、とうとうかんしゃくを起こしてしまいました。

第5章　人的環境としての保育者と子どもの発達

この事例の難しさは、言葉だけでなく集団生活のマナーを伝えなくてはいけないというところです。相手の許可を待たずに持っていけばトラブルが起こるのは当然だと思ってしまいますが、「貸してと言うこと」と、貸してくれるかどうかの「許可をもらうこと」は、実は別物です。ヨウくんは「貸して」という言葉は覚えて使えるようになりました。しかし、次の段階の「許可をもらう」ことは集団生活のマナーとして、そのルールを理解しなくては身につかないのです。ヨウくんへの援助では、そのルールを伝えていくところでつまずいてしまいました。

　事例は4歳児のエピソードですが、園に入園して間もない3歳児などには園のおもちゃを持って帰りたがる子どもがいます。よほどそのおもちゃが気に入ったのでしょう。園のおもちゃは園で使うのがルールですが、これまで他児と物の貸し借りをした経験が少ない（あるいは全くない）3歳児は、気に入れば自分のものにしようとしてしまいます。そういった場合、園によっては「一晩だけお家に持って帰ってもいい」という特別ルールで対応しているところもあります。ヨウくんの場合は、日本の保育所で集団生活を送ることになり、言葉の問題と慣れないことが重なり戸惑いも大きかったことでしょう。

事例 5-3 皆が「ダメ」って言ってるから…

　おもちゃを巡ってのトラブルは、ヨウくんと友達の間でしばらく続きました。そのためヨウくんは、おもちゃを持っていかれた子どもたちから「ダメ！」と強く言われるようになってしまいました。「ダメ」と言われることが多いヨウくんを見て、一緒に遊んでいなかった子どもたちまでヨウくんに「ダメ」と言うことが増えてしまい、担任保育者も困ってしまいました。周りの子どもたちには、「そんなに大きな声で言わなくてもいいんじゃない」と伝え、少しずつダメという言葉は減っていきましたが、ヨウくんがおもちゃの貸し借りのルールを身につけるまで、しばらくそのような光景が続きました。

　担任保育者は、ヨウくんが周りの子どもたちにとって「いつも怒られている子」というイメージにならないようにと考え、やさしく穏やかにルールを伝えるようにしていました。また、時には諭すようにゆっくり話をしたのです。しかし、子どもたちは自分が使っているおもちゃを持っていかれるので、当事者としては大問題なわけです。そんなとき、子どもたちから「ダメ」という言葉が強い口調で出てしまいます。このようなやりとりが日常的に起きると、「ヨウくんは悪い子なんだ」「ヨウくんには強くダメって言わないと伝わらないんだ」という間違ったメッセージがクラス全体に伝わってしまい、普段あまり関わりのない子どももヨウくんに「ダメ」と言うことが増えてしまったようです。

　このようなメッセージが広がらないようにするためには、まず、保育者が集団の中での影響を視野に入れて振る舞うことです。ヨウくんのクラスの担任は気をつけて対応していましたが、保育者が「ダメだよ」という言葉を多用してしまい、子どもたちがまねをすることでクラス中に「ダメ」という言葉が蔓延することもあります。癖のようになってしまっている言動に十分注

意しましょう。人的環境としての保育者がどのように振る舞うか、そこが問われてきます。

　もし、周りの子どもたちが誤った対応を身につけてしまいそうであれば、「ヨウくんが怖くないように言ったほうがよかったね」などと、伝え方を丁寧に指導していくことが必要です。そこに介入せずにいると、攻撃的な言い方や言葉が広がっていく可能性があります。クラスの雰囲気がギスギスしたり、否定的な言葉が広がっていくきっかけは、このようなごく小さいところにあるのです。

　個別対応だけでなく、クラスで話題に取り上げてもよいでしょう。ヨウくんは日本語がまだよくわからないことや、「貸して」「いいよ」のやりとりがまだ難しいことを伝えて、友達ならどうやって教えてあげればよいのかを投げかけてみるのです。4歳児クラスであれば、きっとよい意見が出てくるはずです。その話し合いがヨウくんとのやりとりだけでなく、クラスの子どもたちの人間関係全体にも変化をもたらすことが期待されます。

3　子どもの思いに寄り添った援助

　次の事例の保育者は、子どものやりたいことを推測し、遊びが発展するように願って援助を試みました。

 もうお客さんを呼ぶの？

4歳児クラス／10月

　ある日、タクトくんが「クレープ屋さんをやりたい！」と自分から言い出しました。今までは既成のおもちゃでごっこ遊びを楽しんできましたが、そろそろ自分たちで遊ぶ道具を作ることもねらいに置いていこうと担任保育者も思っていたところです。クレープの生地や具、調理に必要な道具などをタクトくんと一緒に作ろうと考えました。

　担任は実際のクレープ店をイメージしつつ、「バナナがいいかな」「チョコ

レートもおいしいよね」などと会話の中でそれとなくクレープの具のイメージをあげて、自分でも少しずつ作ってみせます。タクトくんからは具のアイディアは出てくるものの、いざ作り始めると紙をクシャリと丸めて「できた！」と言い、その場をさっと離れてしまいます。店らしい形がなかなか整わないまま、タクトくんは「いらっしゃい！」と、お客さんの呼び込みを始めてしまいました。タクトくんのごっこ遊びは、その後もしばらく同じような状況が続きました。

　そのようなタクトくんを見て、担任は、タクトくんが描くお店屋さんのイメージはお客さんとやりとりをすることで、商品がたくさん並んだすてきなお店を作ることではないのだと気がつきました。

　普段ごっこ遊びをしないタクトくんが「クレープ屋さんをやりたい」と言ったので、担任保育者は嬉しくなったのでしょう。遊びの展開を先読みしながら、クレープを作るほうへ促そうとしました。無理に作らせるのではなく、まず保育者が「バナナがいいかな」などと言いながら作るところを見せたことは、よい人的環境になったといえるでしょう。

　ただ、それ以前の問題として、タクトくんのイメージしていたクレープ屋さんと保育者が考えていたものは違っていたようです。保育者が考えていたクレープ屋さんは、いろいろな種類のクレープをお客さんに選んでもらうというものでした。いくつも具を作っておいて、注文に応じて調理してみせるという流れを想像していたのです。

　しかしタクトくんのイメージは、作ることではなく売ることをメインにしたものでした。「いらっしゃい、いらっしゃい」と目の前を通る人に声をかけ、お客さんとやりとりをすることがクレープ屋さんのイメージだったようです。ということは、クレープを作ることにこだわりはなく、お客さんに渡す商品としては何か手近なものを使えばいいと思っていたのかもしれません。

　保育者はタクトくんに対して共感的理解（第3章参照）をしたつもりでし

たが、実はタクトくんが本当にやりたかったことには寄り添えていなかったと気づかされました。子どもの気持ちに寄り添った援助、共感的理解に基づいた援助というのは簡単ではありませんから、このように先を行きすぎてしまうことがあります。別の4歳の子どもであれば、あるいは5歳になったタクトくんであれば、モデルとしての保育者の動きに引きつけられ、クレープを作ることをまずは楽しんだかもしれません。

　それでも、子どもが求めることに何も応答できないより、ずっと望ましい関わり方です。事例5-4の保育者の動きに刺激を受けて、あるいは支えられて、いろいろ作ってみようとする子もいるでしょう。ただタクトくんにとって今回の援助は何歩か先を行っていたため、彼の心に響かないものとなってしまいました。

　事例のやりとりを通して、保育者はより深くタクトくんの内面を知ることができたはずです。タクトくんとの関わりを通して、タクトくんの現時点でのお店屋さんごっこのイメージを知ることができたのです。

4　仮の理解で援助する

　第3章でも参照した『保育援助論』の中で、小川博久は、「仮の理解で関わる」ということを述べています[2]。完璧な子ども理解ができてから関わろうとしても、それはいつになるかわかりませんし、もしかしたらいつまでたってもその子の本当の内面を理解することなどできないのかもしれません。しかし、保育者がまず考えてみた仮の理解で子どもに関わってみて、それがうまく行かなかったら次の手立てを検討すればよいのです。これでいいのだろうか、この理解は間違っていないだろうかと考えてばかりいたら、次の手立てがとれなくなります。つまり「動けない保育者」になってしまうのです。

▪▪▪▪▪▪▪▪▪▪▪▪▪▪▪▪▪
　2　小川博久／スペース新社保育研究室編『保育援助論 復刻版』萌文書林、2010

第Ⅰ部　子ども理解の意義と原理

対人援助職において相手の気持ちを推測するのはとても重要ですが、常に大小の読み違いや失敗を積み重ねているはずです。そのような状況でも、今考えられる最良の方法で援助していくのが保育・教育という行為です。ベテランの保育者でも、常に正しい援助・支援ができているわけではありません。うまくいったと思えることのほうが少ないかもしれないですね（第3章の終わりに引用した倉橋惣三の言葉をもう一度読んでみてください）。

　日々積み重ねられる援助という保育行為の中に、時々子どもの気持ちと合致したと感じられる瞬間があり、その喜びは非常に大きなものとなります。遊びが充実して展開していったときには、それがなぜうまくいったのかを考えますし、反対に保育者の援助が子どもに受け入れられなかったときは、なぜ援助がずれてしまったのかと反省するでしょう。こういった振り返りを繰り返していくことで、保育者としての力が伸びていきます。跳躍の前に一度大きくかがみ込まなくてはならないように、悩むこと、試行錯誤する経験が次のステップへの大きなばねとなります。

5　省察しながら実践する

　D・ショーンは、その著作『専門家の知恵』で、上記のように考えながら動く実践家のことをreflective practitioner（反省的実践家）と言い表しています[3]。変化していく現場の状況に応じて、その都度行為を修正・決定していく存在としての専門家像を示したものです。保育職や教育職、福祉職など人を相手にする専門家の場合、絶対的な原理原則をもって状況に適用させるということができないため、反省的（省察的）に探りながら実践を進めていくことになります。

3　ドナルド・ショーン／佐藤 学・秋田喜代美訳『専門家の知恵―反省的実践家は行為しながら考える』ゆみる出版、2001 。reflective practitionerは、省察的実践家とも訳されます。『省察的実践とは何か―プロフェッショナルの行為と思考』（柳沢昌一・三輪建二監訳、鳳書房、2007）なども参照。

第5章　人的環境としての保育者と子どもの発達

例えば病理診断に基づく医療行為などは診断基準が明確なため、患者や医師ごとに治療が全く異なることはないでしょう。しかし、ある保育者が、ある状況で実践してうまくいったとしても、それを別の保育者が実践してうまくいくかどうかはわかりません。一つには、実践者が異なれば、同じことをしても受けとめる側の子どもの反応が変わるので、行為だけをまねてもうまくいかない場合があるからです。もう一つは、対象が異なるからです。保育の対象となる子どもは一人一人異なる存在ですし、もし同じクラスの子どもたちが相手でも、昨日までの姿と今日の姿ではまた違っているわけです。同じ関わりをしてもうまくいかないことがあるのは、そのためです。

　こう考えると、他者の保育を参考にしながらも、やはり自分自身で最良と思われる援助を検討して関わっていくほかありません。前述したようにまずは仮の理解で関わり、そのうえで自らの実践を振り返り、何がうまくいかなかったのかを反省（省察）することが保育者の成長につながります。人的環境として動くのは簡単ではありませんが、本章冒頭で述べたように自分が「見られている」ということを意識しつつ、自分なりの子ども理解を基に関わってみて、その中で理解や援助を深めていきましょう。

演 習 課 題

　これまでの人生で「見て学ぶこと」（観察学習）が大いに生かされた経験を具体的に記してみましょう。子どもの頃のことでも、大人になってからのことでもかまいません。なぜそれをまねよう（学ぼう）としたのかも振り返ってみてください。

第Ⅰ部　子ども理解の意義と原理

子ども相互の関わりと関係づくり

　子どもを理解しようとするとき、子ども相互の関わりやその関係づくりを意識することが大切です。この視点には、保育実践と深く関わる部分が含まれます。子ども相互の関わりや関係づくりを望ましいものとして捉えることが、実践を大きく方向づけるからです。

　もし保育施設が、子どもの安全だけを確保し無事に家庭へ帰すことのみを目的としているなら、園生活の中でどういう遊びができるだろうか、子ども同士でどんな関わりをもったらよいのだろうかなどと考える必要がありません。子どもたちが保育者と関わるだけでなく子ども同士でも関わり、その関係を深めていってほしいと願うことは、保育実践全体を考えることにつながります。本章ではなぜ子ども相互の関わりや関係づくりを目指すのか理解し、その方法について学びます。

1　子ども相互の関わりはなぜ必要なのか

　本書でも様々な事例を通して示してきたとおり、保育・教育は遊びを中心として行います。遊びについて、幼稚園教育要領では「幼児の自発的な活動としての遊び」と定義しています。第4章で前述したように、保育者がいくら「遊び」と呼んでも、子どもの「自発的な活動」でないものは遊びといえません。「数遊び」や「文字遊び」などと銘打った、教科教育を先取りする

ような活動は遊びではないと述べました。「○○遊び」と銘打った活動の後に、子どもが「先生、もう遊びに行っていい？」と言ったという笑い話がありますが、このエピソードからも、子どもたちはそれを遊びと捉えていないということがわかります。遊びを大切にするとは、他ならない「自発的な活動としての遊び」を支えるということです。

　しかし、「遊びたい」「その活動をやりたい」と思うかどうかは子ども次第です。遊びをやめるのも自由です。そこに大人が関わる余地はないようにも思えます。しかし、そうではありません。

　例えば、幼児期の子ども同士の人間関係は主に遊びの中で築かれていきます。子どものこのような経験を、幼稚園など就学前の保育施設は教育的なねらいをもって支えています。要領等に記されている5領域の一つ「人間関係」では、以下のようなねらいが記されています。

　　人間関係
　　〔他の人々と親しみ、支え合って生活するために、自立心を育て、人と
　　　関わる力を養う。〕
　　1　ねらい
　　　（1）幼稚園生活を楽しみ、自分の力で行動することの充実感を味
　　　　　わう。
　　　（2）身近な人と親しみ、関わりを深め、工夫したり、協力したり
　　　　　して一緒に活動する楽しさを味わい、愛情や信頼感をもつ。
　　　（3）社会生活における望ましい習慣や態度を身に付ける。

（傍点引用者）

　幼児教育を行う施設のねらいとして、「身近な人と親しみ、関わりを深め」といった記載があります。子どもたちが遊びを通して周囲の人と親しんだり、関わりをもったりすることをねらいとして意識し、その関係を育む援助をすることが保育者に求められているのです。遊びを通しての総合的な指

導には、この領域「人間関係」に見られるねらいをはじめとして、5領域の
ねらいがまんべんなく含まれています。ただ、一人遊びばかりではそれらの
ねらいは達成されず、子ども同士の関わりが多く生まれることで総合的に実
現されていくものとなります。

2 見る－見られる関係から生じる遊び

■2-1 周りの子どもに刺激を受ける

　子どもがなぜ遊びたくなるかといえば、その遊び、活動自体に魅力を感じ
るからです。ただ、やってみたい遊びが常にあるとは限りません。何かきっ
かけがあって遊び始めるのではないでしょうか。園内で子どもたちが遊び出
すきっかけになるのは、おもしろそうな遊びを見つけたときでしょう。

事例 6-1　リンちゃんのプリン、まねしてみよう

3歳児クラス／6月

　認定こども園の3歳児クラスでの出来事です。この園では、3歳児が安心
して遊べるように小さな砂場があります。この砂場には3歳児クラスのテラ
スから出られるようになっており、4歳以上の大きな子たちが使うことはあ
りません。

　6月のある日、1歳から登園しているリンちゃんが砂場で遊んでいます。
カップに砂を詰めてひっくり返し、葉っぱや木の実などを飾って、砂のプリ
ンを作っています。同じクラスのメイちゃんも後から砂場に来ましたが、や
りたいことはまだ決まっていないようです。周りの子と同じようにカップに
砂を入れてひっくり返していましたが、その先どうしていいかわからない様
子です。リンちゃんは隣で「これはね、イチゴのプリン」などと言いながら
木の実を飾り、「先生、見てー」と担任保育者に声をかけています。リンち
ゃんの様子を見ていたメイちゃんは、自分も枝で飾りつけを始めました。

第6章　子ども相互の関わりと関係づくり

好きな遊びをするのは楽しいものですが、常にやりたいことが決まっているわけではありません。手持ち無沙汰で何となく手を動かしているけれど、はっきりとした目的をもっていない場合もあります。作るものを特に決めないまま粘土を延ばしていたら細長くなっていき、そのままヘビにしてみた、といったこともよくあるでしょう。

　事例6-1のメイちゃんがそのような状況でした。したいこと、作りたいものは決まっていないけれど、近くにいたリンちゃんの様子に刺激を受けて、自分もプリンに飾りつけをしてみたのです。園生活ではこういった場面がよく見られますが、これこそが家庭との違いともいえるでしょう。他の子どもたちの遊びを身近に見ることができるからこそ、自分の遊びも引き出されるのです。

■ 2-2　遊びが連鎖する環境構成

　このような子ども同士の関係を保障するためには何が必要でしょうか。まずは今回の事例のように、お互いにその姿が見えるようになっているということが大切です。子どもたちの遊びや学びのためには、見てまねることが重要だといわれます[1]。自分からやってみたいと思う気持ちが生まれるには、そう思わせるような遊びが身近にある、もしくはまねをしてみたい相手が近くにいることが必要です。事例6-1の場合、リンちゃんはメイちゃんにとっての遊びのモデルになったといえます。

　リンちゃんとメイちゃんはたまたま近くにいたわけですが、3歳児専用の砂場という環境が今回の遊びを引き出したともいえます。小さな砂場ですから、子どもたちが離れて過ごすことはできず、おのずと近くに遊びの場を確保するしかありません。そうすると、互いの遊んでいる様子がよく見えますし、遊びながら発している言葉も聞こえてきます。これらがよい刺激となっ

　1　小川博久『遊び保育論』萌文書林、2010

第Ⅰ部　子ども理解の意義と原理

て、遊びを引き出し合う可能性が高まるわけです。

　この砂場は、園舎を建てるときに当時の保育者たちが検討して作ったものです。このような環境は簡単に動かしたり改変したりすることはできませんが、園内には、そのときの状況やねらいに合わせて変えていける環境もたくさんあります。どういった環境が子どもたちの関係づくりに望ましいのか、自分の周りの環境もヒントにしつつ考えてみましょう。

3　子ども相互の関わりを支える保育者の役割

　子ども相互の関わりはどのように育まれるのでしょうか。例えば、もともと保護者同士の仲がよい場合、子どもも早くから一緒に過ごしたり遊んだりする機会が多いと想像できます。次の事例はそんな2人のエピソードですが、担任保育者は気がかりなこともあるようです。

事例6-2　本当はお店屋さんがしたいのに

4歳児クラス／4月

　リョウスケくんとリクくんは、家族ぐるみで仲良しです。クラスは別ですが、毎朝「一緒に遊ぼう」とリクくんがリョウスケくんのクラスへやってきます。本当はお店屋さんや美容院などのごっこ遊びが好きなリョウスケくんですが、リクくんが迎えに来ると「はーい」とついていって、ヒーローごっこに入っています。

　担任保育者から「今日は○○屋さんするねってリクくんに言って、リョウスケくんがしたいことをしていいんだよ」と言われると「うん」とは答えるものの、リョウスケくんがリクくんの誘いを断ることはありません。

自己主張は３歳頃から強くなってきますが、自己抑制の発達がそれに伴わないため[2]、友達に対して自分のことばかり主張したり、保育者にも自分のことを見てほしいと強くアピールしてきたりします。一方、自己抑制する機能は３歳から５歳以降にかけてゆっくりと育っていきます。つまり、自己抑制より自己主張が強い時期に自分の気持ちを中心にした言動が増えるため、一緒に遊ぶことが難しかったり、おもちゃなどの取り合いが多く起きたりするのです。

　そのような時期にもかかわらず、リョウスケくんはごっこ遊びがしたいという気持ちを抑えてリクくんの遊びに付き合っているようです。担任保育者は、そんなリョウスケくんの気持ちを支えるつもりで言葉をかけました。もしリョウスケくんがリクくんとの仲間関係よりも自分のやりたいごっこ遊びを優先したいと思っていたなら、担任の言葉に支えられて自分の気持ちをリクくんに伝えたかもしれません。

　しかし、この頃のリョウスケくんはお気に入りの遊びをするよりもリクくんと一緒に遊ぶほうがよかったようです。遊びそのものの内容よりも、リクくんと一緒にいるほうが楽しいのでしょう。ただし、これは他者にはなかなかわからないことです。保育者としてリョウスケくんに「自分の気持ちを言っていいんだよ」というメッセージを伝えたことは、援助としては間違ったものではありません。

2　柏木惠子『新装版 子どもの「自己」の発達』東京大学出版会、2015

このように、遊びそのものを楽しむよりも、好きな友達や保育者などと一緒に過ごすことを好む場合があります。そのような姿を見たとき、保育者としては「自分の気持ちを伝えられずに我慢しているのではないか」「自分のやりたい遊びを見つけられていないのではないか」と考えてしまうかもしれません。自己発揮することと仲間とよい関係を築くことは、どちらも大切なねらいになるため、保育者はその間でどう援助したらよいか揺れ動きます（ここにも、第3章でふれた保育の両義性が立ち現れます）。保育者は子どもたちと関わりながら、それぞれの子どもの自己発揮と、周囲との関係性を見定めているのです。

4　子ども同士の関係づくりを援助する

　子ども同士が仲良くなるきっかけは様々ですが、その関係性は遊びや活動を通して変化していきます。自分と共通点が多い友達と仲良くなることもあれば、自分が思いつかないようなおもしろいアイディアをたくさんもっているので一緒にいて楽しいということもあります。いずれにしろ、子どもたちの仲間関係は遊びを中心とした活動を通して強くなっていきます。

　一方、園生活では、行事などの活動の中でグループができることもあります。その場合、自分の気持ちを率直に伝え合う関係ができていないことも多く、保育者としてはその集団の仲間関係に気を配る必要があります。事例6-3は、お化け屋敷づくりという活動を軸に出来上がった集団でのエピソードです。

事例 6-3　グループ内での関係をつなぐ

5歳児クラス／11月

　この園では毎年12月に、子どもが中心となって進める「キッズフェスタ」を開催しています。年齢別に子どもたちがグループになってやりたいことを相談し、時間をかけて準備を進め、フェスティバル当日は他の年齢の子どもたちや保護者を招待します。年長児にとっては、卒園前の最後の大きな行事といえます。

　準備を始める11月半ば、5歳児2クラスの子どもたちが集まり、キッズフェスタで何をしたいか話し合いました。フェスタのときはクラスに関係なく、やりたい企画ごとにグループになります。最初のうちは昨年の5歳児が開催した内容をなぞるようなアイディアが出ていましたが、担任保育者から「これは皆のお祭りだから、去年の年長さんがやったことじゃなくていいんだよ」と伝えると、自分たちがやってみたいことを改めて話し合う姿がありました。その結果、お化け屋敷とレストランというアイディアにまとまり、子どもたちは自分がやりたいほうのグループへ入りました。お化け屋敷グループは男の子が多くなり、女の子は数名のみです。

　お化け屋敷グループに入ったミサトちゃんは、普段は静かな遊びを好む女の子です。今回お化け屋敷を選んだことに、担任は少し驚いていました。ミサトちゃんの普段の遊びを見る限りは、レストランを選ぶだろうと思えたからです。「もしかしたらお化け屋敷に入るのが怖くて、怖がらせる役をやりたかったのかもしれないな」とも考えました。

お化け屋敷づくりは、活発な男の子たちのアイディアを中心に進んでいきました。ミサトちゃんはものづくりが好きなので、お化け屋敷の小道具や背景づくりなどをがんばっています。

　完成が近づき、皆でお化け屋敷の名前を考えることになりました。アイディアを積極的に出すタケルくんは、年少さんが怖がるようなとても怖いお化け屋敷名にしたかったので、「ゾンビ」「モンスター」といったインパクトの強い言葉が入った名前を提案しました。周りの男の子たちからは「いいね！」という声があがり、「ゾンビがいるお化け屋敷」という名前に決まりそうになりました。

　ところが、ミサトちゃんたち数名の女の子は、どうもその名前では嫌なようです。表情から察した担任が、「女の子たちはこの名前でいいのかな？」と尋ねたところ、「いやだ」という気持ちを伝えることができました。しかし男の子たちの前で反対意見を言うのに躊躇したのか、理由は話してくれません。「じゃあ、先生にだけ教えて」と小さな声で言うと、「怖い名前だと年少さんが怖がって入ってこれなくなるから。違う名前のほうがいい」と、小さな声で答えてくれました。女の子たちの意見を担任から男の子たちに伝えたところ、彼らも「うーん、そうだよな」と同意して、改めて考え直すことになりました。最終的にお化け屋敷の名前は、「あんまり怖くないゾンビのいるお化け屋敷」に決まりました。

　このように、普段から一緒に遊んでいる仲間とは違うグループの中だと、自分の思いをうまく表現できない子も現れます。そうなると、主張が強い子の意見が中心になって活動が進み、いつも我慢する子が固定化してしまいます。そのような仲間関係に気づくためには、一人一人の子ども理解だけでなく、集団の中での子ども理解が必要になります。

　事例6-3のミサトちゃんは、いつもは女の子同士でごっこ遊びを楽しんでおり、仲良しの友達の中であれば、自分のアイディアを出して遊びを積極

第6章　子ども相互の関わりと関係づくり

的に進めることができます。ただ今回は普段一緒に遊ばない男の子たちが多いグループに入ったので、そこでミサトちゃんが自分の気持ちを出せるかどうか、担任保育者は心配していました。このように、活動が進み始めてからのやりとりの中で「ミサトちゃんが自分の意見を言えなくなるかも」といった予測を立てて援助することは、普段から子ども理解をしているからこそ可能になるものです。

5 集団の臨床として

　子ども理解の重要性を述べる際、一人一人をしっかり理解しましょうといった主張がされます。そのことに間違いはなく、一人一人を理解しなくては援助につなげていくことができません。

　しかし、保育実践の場において一人一人を丁寧に見ようとしても、クラス集団が最大35人もいるという状況は一人の保育者の限界を超えています。実際、多くの保育者はある程度のまとまりで理解しているはずです。その「まとまり」というのは遊びや生活の集団です。

　例えば、いつもドッジボールをしている子どもたちのグループがあるとします。そうすると、まず「ドッジボールをしている子どもたち」という集団の理解があります。そのうえで、個々のメンバーの中で「男の子の中に一人混ざっていつも活発に遊んでいるマミちゃん」「小さな子も仲間に入れて遊んでくれるタケシくん」などと、ドッジボールのグループにいる○○ちゃんといった把握をすると、35人を個々に認識しようとするよりずっと印象に残りやすいものです。

　このような保育の援助の特質は、「集団臨床」という言葉で言い表すことができます[3]。臨床というと、どうしても1対1のカウンセリング場面のよ

3　小川博久／スペース新社保育研究室編『保育援助論 復刻版』萌文書林、2010。特に第5章「集団臨床としての援助の特色」(pp.119-140) を参照。

うなものをイメージしてしまいます。しかし、保育というのは実際に動きながら子ども理解を進めているわけで、個を集団から切り離して行うような理解の仕方ではないのです。保育実践に関して、しばしば「カウンセリング・マインドをもって…」といわれますが、保育者は、1対1の心理臨床とは異なる状況でカウンセリング・マインドを発揮する必要があります。多くの子どもたちが目の前にいて、自分も一緒にその子たちと関わりながら子ども理解を進めていかなくてはなりません。実践が子ども理解を促し、その子ども理解が次の実践を形作っていくことになります。

　このような性質の子ども理解のために、遊びの集団をつくっていくことが有効です。場を設定することや、素材を用意することを通して遊びを中心とした子どもの集団をつくり、その集団を通して個を捉えることができるようになれば、保育者としての実践力と子どもを理解する力を確実に高めていくことができます。

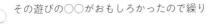

　仲間と遊ぶ体験には、様々な要素が含まれます。幼児期から児童期にかけて仲間と遊んだことを振り返り、その経験について分析してみましょう（例えば、その友達と過ごすのが楽しかった、その遊びの○○がおもしろかったので繰り返しやっていた、など）。

第7章

集団における経験と育ち
――自己発揮・対話・葛藤やつまずき

　3歳以上になると集団で遊ぶことが増え、友達同士でのいざこざも多く起こります。保育者としては、できるだけいざこざを起こさず仲良く遊んでほしいと考えるかもしれません。しかし、様々な個性のある子どもが大勢いる中で、誰とでも仲良く遊ぶことができるでしょうか。小学校へ入ってからも、その後の学校生活や社会人としての生活の中でも、周囲と揉めることは多々あります。大切なのは衝突を徹底して避けることではなく、そのような場面にどう向き合えるかどうかでしょう。相手の意見に耳を傾けつつ、自分の考えもしっかり伝えていくことが大切です。これは幼児にとって非常に難しいことですが、友達と園生活をともにする中で折り合いのつけ方を学んでいくのです。本章では集団生活における経験と育ちに関わる事例を見ながら、その中での自己発揮や対話、葛藤やつまずきなどについて考えてみましょう。

1　信頼関係に支えられた自己発揮・自己抑制

　子どもが集団生活を通して身につけることについて、幼稚園教育要領には以下のような説明があります（領域「人間関係」の「内容の取扱い」）。

　　集団の生活を通して、幼児が人との関わりを深め、規範意識の芽生えが培われることを考慮し、幼児が教師との信頼関係に支えられて自己を

発揮する中で、互いに思いを主張し、折り合いを付ける体験をし、きまりの必要性などに気付き、自分の気持ちを調整する力が育つようにすること。

　集団生活の中では友達とぶつかることもあるが、その中で「互いに思いを主張し、折り合いを付ける体験」をすることが幼児の育ちにとって重要であると示されています。強い不安を示して保育者から離れない子や、周りとのトラブルに発展しかねない問題行動を起こす子でも、実はその背景に「教師との信頼関係」を求める姿が隠れていたりします。

　事例7-1は、友達に手を出してしまうことが気になるルイくんのエピソードです。

 先生を助けたいルイくん

4歳児クラス／7月

　4歳児クラスの帰りの会が始まるところです。担任保育者は子どもたちの身支度を促し、着席するように声をかけました。皆に目を配りつつ、ルイくんの様子が気になっています。

　ルイくんは、なかなか言葉が出ないときなど、とっさに叩いて気持ちを伝えようとすることがあります。悪気はなくても、体格がよく力も強いルイくんのパンチは痛いので、周りの子どもたちからは「ルイくん、こわい」と言われてしまいます。特に、帰りの会で友達をパンチすることが多いようです。相手を泣かせてしまうことも珍しくありません。担任は「パンチはダメ」「おくちで伝えようね」と繰り返し言い聞かせていますが、どうしてもパンチが出てしまうのです。注意されているとき、ルイくんは悲しそうな顔で担任を見ています。向き合って丁寧に説明していると、途中からはいつも担任に甘えるようなそぶりをするので、「そんな顔してもダメよ、約束は守ろうね」と繰り返していました。

　このように担任はルイくんの説得を続けていましたが、ある日保育記録を

読み返していたところ、「ルイくんが帰りの会でパンチをする相手は、会が始まる直前に自分が注意を促した子どもではないか」と思い至りました。気をつけてルイくんを見ていると、やはり担任が「○○くん（ちゃん）、今、皆何をしているのかな？」などと名指しで注意した子どもに手を出しています。

　ルイくんは、先生の味方になったつもりでいたのかもしれません。それなのに注意されるので、悲しそうな表情をしていたのではないでしょうか。そう考えた担任は、ルイくんのパンチを今までのようには叱れないと思ったのです。以降、帰りの会の時間を5分早めて、皆をなるべく急かさず、余裕をもって始めることにしました。ルイくんが友達をパンチしようとしたときは制止しつつ、「ありがとう、ルイくんは先生のお助けマンをしてくれてるんだよね」と伝えるようにしました。すると、ルイくんは徐々にパンチをやめ、落ち着いて担任や友達の話を聞いてくれるようになったのです。

　3歳になったばかりの頃などは言葉で自分の思いを伝えるのがまだ難しいので、とっさに手が出たり、髪の毛を引っ張ったり噛んだりという姿が見られます。事例の担任保育者は、すでに4歳になっているもののパンチが止められないルイくんの行動に悩み、言葉の発達を気にかけていました。

　しかし、ルイくんが手を出しているのは担任が注意をした子だとわかったとき、ルイくんの行動は全く違ったものに見えたはずです。「周りの子にやみくもに手を出す困った子」だったのが、ルイくんの行為の理由が読み取れたことで、「先生を助けようと思って自分なりに行動している子」として理解できたというわけです。その背後には、「大好きな先生に認められたい」というルイくんの思いを感じることもできます。

　ただし、友達に手を出すことを認めるわけにはいきません。言葉をうまく使えないルイくんにとっては、手を出すのも言葉で注意をするのも同じなのかもしれませんが、周りの子はそのことを理解できませんし、実際に痛い思

いをしています。ルイくんを怖がったり嫌だと思ったりするでしょう。担任はルイくんの行動をいさめつつも、「先生を助けてくれているんだね」と言い、ルイくんの気持ちをわかっていることを示したところ、彼の行動は徐々に収まっていったのでした。自分の思いを理解してもらえて、ルイくんの気持ちも落ち着いてきたのでしょう。担任との信頼関係に支えられて集団の中での関わりを身につけていく様子を見ることができます。

2 集団＝友達との関わり？

次の事例7-2も、集団の中での様子が気になる子どものエピソードです。担任保育者はどんなところが気になったのでしょうか。

事例 7-2 友達と遊びたくないのかな

4歳児クラス／4月

サキちゃん（4歳）はこの春に幼稚園へ入園しました。サキちゃんは2年保育ですが、この園では3年保育の子どもが多く、サキちゃんのクラスの子も大半が前年度から通っています。ただ、サキちゃんの場合は兄がこの園に通っていたため、お迎えについてきて園庭で遊んだりするなど、入園前から園に親しんでいました。

そんなサキちゃんは、入園後まもなく園生活を楽しみ始めているようです。母親も、「幼稚園楽しい、って言ってますよ」と担任保育者に話してくれました。ただ、担任としては、もう少しサキちゃんの普段の表情が柔らかくなるといいなと感じており、本心から楽しいと言っているのかどうかも気になっていました。

4月のある日、ままごとコーナーで遊ぶ7、8人の女の子たちの中にサキちゃんの姿もありました。この子たちは昨年度別々のクラスだったのですが、すでに打ち解けているようです。その中で、サキちゃんは一人で黙々とままごと道具を選び、空いたスペースで料理をしています。仲間に入れないのか

第7章 集団における経験と育ち

と思ったのですが、よく見るとそうではありません。

　昨年度よく遊んでいた園庭のことは知っていても、室内の道具や素材には
あまりふれたことがなかったサキちゃんにとっては一つひとつが新鮮なので
す。「これも使ってみたい」「このエプロンをつけてみたい」と、目にとまっ
たものを次々に試しています。硬いように思っていた表情も、魅力を感じた
ものを目で追い、夢中で探索しているためだったのだと気がついた担任は、
今サキちゃんに必要なのは人とやりとりする時間よりも、まずは新生活で出
会う物を十分確かめる時間なのだと理解しました。そこで、「こんな道具や
スカートもあるよ」と紹介しながらサキちゃんのままごとを支えていくこと
にしました。

　ままごとグループの中にいるサキちゃんを見て、担任は当初、友達と遊ん
でいると思っていました。ところがよく見てみると、友達とのやりとりより
も、様々な遊び道具を使うことを楽しんでいたのです。そこで担任は、今の
サキちゃんに必要なのは新しい環境に慣れ親しみ、様々な道具を試してみる
ことなのだと気づき、サキちゃんに他の道具や服なども提示していきました。

　保育者は子どもたちに対して一律に援助しているわけではありません。
「目の前の子に今何が必要なのか」を考え、その子が必要としている援助を
探っているのです。ここで子ども理解を誤ると、子どもが望まない関わりに
なってしまうでしょう。p.62の事例5-4でも示したように、保育者が先の
展開を考えて援助を試みても、それが子どもの思いと食い違ってしまうこと
もあります。

　事例7-2では、サキちゃんの行動や目の動きなどをよく見ることで、彼
女が何を楽しんでいるのかを的確に捉えることができました。この保育者の
援助をもとに、サキちゃんは様々な道具を試す経験を重ねることができるで
しょう。さらに、道具を使うおもしろさを友達と共有しながら一緒に遊ぶ経
験へつながっていくことも想像できます。

3 集団の中で何を大切にするか

　事例7‐3は、年長クラスの協同的な遊びの場面を取り上げています。このような遊びを見ると、さすが年長さんだと感心もしますが、注意深く見ていると揉めごともしばしば起きています。カズナくんとショウくんが揉めたのは何が原因だったのでしょう。

事例 7-3　レジを打ちたいのに…

5歳児クラス／6月

　この園では、6月に大がかりなお店屋さんごっこを行います。お店屋さんは年長児が担当し、保護者をはじめとした地域住民を招いて、大人たちにお客さんになってもらいます。年長児は街にどんなお店があるかというところから話し合い、自分は何のお店屋さんになるかも考えます。今年はスーパーマーケットやパン屋さん、回転寿司、ラーメン屋さんなどを出店することに決まりました。

　準備を進めていた6月初旬のことです。ショウくんたち4人は、スーパーマーケットの店頭を整えていました。いろいろな種類の野菜や肉や魚などを売るので、準備する商品の多いお店です。レジはバーコードで値段を読み取る設定なので、バーコードリーダーを商品に当てるのがレジ担当の役割です。

　ショウくんとカズナくんは2人ともレジを担当したいのですが、今日はショウくんが先にレジに座ってしまいました。カズナくんは仕方なく、商品を作ったり、作りためた野菜などを店の奥から店頭に運んでいます。レジは大型積み木で作ってあり、店よりも一段高くなっているので、座るとお店の様子がよく見えます。レジ担当のショウくんは、「そこにニンジン持ってきて！」「お魚、足りないよ」などと、店にいる友達に声をかけます。最初のうちは皆その指示に従っていましたが、レジに座って動かないショウくんを見ていたカズナくんが、とうとう「なんでショウくんばっかり何もやんない

の！」と怒りを含んだ声で言いました。ショウくんは「だってレジの役だからさ」と言い、その場から動こうとしません。カズナくんが「ぼくもレジやりたいんだよ！」とさらに詰め寄っても、「おれが先にレジ取ったから」と言い張ってショウくんは譲ろうとしません。このままではケンカになってしまいそうです。

　この後は実際にケンカに発展し、子どもたちだけでは収拾がつかなくなったので、担任保育者がやってきて両者の話を聞くことになりました。ショウくんは先にレジを取ったと主張し、カズナくんは交替してほしいと訴えます。担任が両者の意見を十分聞いたうえで、最終的に、あとでレジを交替するということになりました。

　事例は年長児同士の揉めごとなので、大人を介さず子どもたちだけで解決できればよいのですが、いつもうまく収束するとは限りません。今回はショウくんが全くレジを交替せず指示ばかりしており、そこでカズナくんの不満が爆発したのです。それぞれに主張があり、折り合いをつけられなかったことがケンカの原因となりました。

大人でも主張がぶつかり合うことはよくありますし、そこで折り合いをつけられずに結局仲たがいしてしまうこともあるでしょう。しかし、その険悪な空気が周りの雰囲気まで悪くしてしまうとなると、集団の中で及ぼすネガティブな影響はずいぶん大きなものになります。互いの気持ちが完全に満たされなくても、どこかに落としどころを見いだしたいものです。そのための経験を乳幼児期から積み重ねていると考えると、事例7‑3のような出来事も彼らにとって必要な経験だと捉えることができます。このときは保育者が入らないと解決できませんでしたが、今後同じようないざこざが起きたときに、子どもたちだけで解決できるようになればよいのです。事例のような経験を重ねた先に自力で解決する姿があると考えれば、どんな出来事にも無駄なことはないと理解できます。何を落としどころ（結果）にするのかよりも、その落としどころを導き出すためにどういったやりとりを重ねたのか（過程）が重要です。
　集団の中での揉めごとにおいて、唯一の正しい結論というものはありません。皆さんは、『ブタがいた教室』[1]という映画を見たことがありますか。実際の小学校の実践事例を基にした映画です。本作を見ると、結論は集団の話し合いの中で変わっていくということがよくわかります。映画の中で小学生がディベートする場面には台本がなく、本当の議論を子どもたちから引き出そうとしたそうです。そのため、子どもたちの感情の動きが映像によく表れた作品となっています。ぜひご覧いただき、子どもたちの議論について考えてみてください。

4　対話的な学び

　次も年長クラスでの事例です。エピソードを通して、対話的な学びについて考えてみましょう。

１　前田 哲監督『ブタがいた教室』、2008

事例 7-4 本物のケーキ屋さんみたいにしたい

5歳児クラス／11月

　11月末、マリちゃんたち年長女児のグループは、ケーキ屋さんごっこで盛り上がっています。5人ほどが熱心に取り組んでおり、ある子はお店の飾りつけに、別の子はクリームづくりに励んでいます。おろし金を使ってレモンの香りがする固形石鹸をおろし、そこに少しずつ水を加えながら泡立てていくとホイップクリームそっくりになりました。水の加減でクリームが水っぽくなったり硬くなったりしますので、その調整に大騒ぎしながら取り組んでいます。よい香りのするクリームを掃除用のスポンジに塗って、さらにイチゴなどの飾りをつけると、本物のケーキのようです。

　午前中の好きな遊びの後、クラスで集まりがもたれました。この日の集まりでは、今取り組んでいる遊びの中で困っていることや苦労していることをクラスの皆に相談します。ケーキづくりのグループは真っ先に手をあげて相談することにしました。「本物のケーキ屋さんにあるような入れ物を作りたい」「お客さん側からもお店側からもケーキが出し入れできるようにしたい」という相談です。ケーキを陳列するショーケースを作りたいのです。

　ある子が「段ボールで作ったらどう？」と提案したところ、ケーキ屋さんのマリちゃんは「それだとケーキが見えなくなっちゃうから、透明な入れ物にしたい」と言います。別の子が「じゃあ、木か段ボールで入れ物を作って、前の方だけラップを張ればいいんじゃない？」と言いますが、マリちゃんはさらに、「いらっしゃいませーって言った後に、ケーキを出してお持ち帰りの箱に詰めたりしたいから、ラップを張っちゃうとケーキを出せなくなっちゃう…」と訴えます。

　クラスの皆が頭を悩ませていたとき、ノボルくんが「じゃあ、段ボールで枠を作って開けられるようにして、そこにラップを張ったら？」と提案したところ、マリちゃんたちも「なるほど」とうなずいて、まずはその方法でやってみることにしました。

086

事例7-4の園（認定こども園）では、子どもたちの中で話し合いたいことが出てくると、担任保育者が「サークルタイム」という集まりの場を設けて、そこで遊びの中の課題について話し合えるようにしています。この日のサークルタイムでは、ケーキ屋さんの他に、男の子たちから積み木を使ったビルづくりについての相談が持ちかけられました。「背の高いビルを2つ作りたいけど積み木の数が足りません。どうしたらいいかな」という内容です。この相談については、途中までできている一つめのビルで余計に積み木を使っているのではないかという指摘があり、実際に皆の前でその積み木を外してみてもビルは崩れなかったので、無駄な部分の積み木を外してもう一つのビルに取り掛かればよいというアイディアに落ち着きました。

　このようにして取り組んでいる活動は、子どもたちにとっては一つのプロジェクトのようなものです。そのため、目的に向かって遊びを進めるに当たって、子どもたち同士で話し合う場面が設定されているのです。サークルタイムで担任は全体の進行をしますが、解決策を出すことはなく、子どもたちから出てきた様々な意見を整理する役割を担っています。このような場で担任がコメントしすぎると、子どもたちはあまり意見を出さなくなるかもしれません。「最後は先生が解決してくれる」という気持ちが生まれ、定着してしまうからです。

第7章　集団における経験と育ち

5 真の対話とは何か

■5-1 形だけの「話し合い」

同じく年長児の話し合いでも、次のような事例もあります。

事例 7-5 先生はこう思うんだけど

5歳児クラス／10月

　5歳児クラスで、フリースペースにある大きな「宇宙船」の話になりました。この宇宙船は、年長児が段ボールや木材などを使って作ったものです。時間をかけて作った大がかりなもので、中に入って遊ぶこともできます。子どもたちには大変人気があるのですが、大きすぎて場所を取るため、この宇宙船があるとフリースペースを他に使うことができません。そこで担任保育者は「皆が作った宇宙船のことなんだけど、すごくたくさん遊んだよね。あの宇宙船さ、とっても大きいからフリースペースが狭くなっちゃって、他の遊びに使えないんだよね…皆はどうしたらいいと思う？」と子どもたちに投げかけました。

　子どもたちからは「もっと遊びたい！」「今も使ってるよ」という声が複数あがりましたが、中には「片づけてもいい」という声もありました。それらの意見を受けて担任は、「あの宇宙船大好きだもんね。でもさ、大きくてじゃまになっちゃうから、タンポポさん（4歳児クラス）が使えないんだよね。先生はもうサヨナラしてもいいんじゃないかなと思うんだけど、皆はどうかな？」と聞くと、先ほどよりも多くの子から「いいよー」という声があがり、「じゃあ今度の土曜日に他の先生たちと一緒にお片付けするから、今日はたくさん遊んでね」ということで話はまとまりました。

こういった話し合いの場面は園でしばしば見られます。保育者から子どもたちに投げかけてはいるけれども、最終的には保育者側の意見で決めてしまうというものです。これは本当の話し合いや対話ではなく、「話し合い的」な場面といってよいでしょう。つまり、話し合う形に見せかけて、結局は保育者の思う結論に導いてしまっているのです。こういったことが繰り返されると、子どもたちの中には「最後は先生が決めるんだよね」という気持ちが芽生え、真剣な議論も生まれないでしょう。なお、筆者が訪れたスウェーデンの就学前学校では、子どもたち同士の話し合いを重視し、意見が分かれると、一つずつボールを持たせて投票する方法をとります。民主主義を育てることを標榜するスウェーデンらしいやり方です。

■5-2 対話する力を育てる

国立青少年教育振興機構は、日本、アメリカ、中国、韓国の高校生を対象に勉強や生活についての国際比較調査を行い、その結果を報告しています[2]。報告によると、例えば授業中の態度に関する調査項目で、日本は「きちんとノートを取る」に対して「よくある」と回答した割合が4か国のうち最も高く（79.4％）、逆に「授業中、積極的に発言する」という問いでは最も低い結果を示しています。それも他の3か国に比べて著しく低い値で、アメリカ14.9％、中国17.2％、韓国15.6％のところ、日本だけは3.7％と大きく差が開いています。この結果だけを見ても、日本の高校生が積極的な発言をしない、受け身な授業態度だということがわかります。

今後いっそう国際化が進み、諸外国の人とコミュニケーションをとる機会は増えていくでしょう。その際に、自らの意見をきちんと伝えることや、相手の意見に耳を傾ける態度などは不可欠です。大勢の前で発言したがらないのを「国民性」と言ってしまえばそれまでで、その国民性はどのように形成

■■■■■■■■■■■■■■■■■

2　国立青少年教育振興機構「高校生の勉強と生活に関する意識調査報告書―日本・米国・中国・韓国の比較」、2017

されているかといえば、やはり教育の力が大きいのではないかと考えます。高校生が授業内で積極的に発言しない背景には、それまで受けてきた教育の影響があるはずです。そう考えると、乳幼児期から子どもたちの発言を十分に引き出し、他者の前で発信する場をつくることが大切でしょう。事例7-4のように、仲間が抱えている課題についても真剣に考え、自らのアイディアを具体的に表明することは、その後の学びにおける基本的な姿勢を形成することになります。保育者が結論ありきで進めてしまうようなやりとりではなく、子どもたちが自分の頭を使って考え、皆の前で意見を表明し、それが実際の生活をつくり出すということを実感できる保育実践が今後期待されます。

演 習 課 題

友達の輪にうまく入っていけなかった経験や、人間関係になじめなかった経験を思い出してみてください。なぜ入っていけなかったのか、当時どのような支えがあればよかったかについても考えてみましょう。

第Ⅰ部　子ども理解の意義と原理

第8章

保育環境の理解と その構成・変化・移行

保育において「環境」という言葉はとても重要な意味をもちます。5領域の「環境」の文脈だけではなく、保育実践全体に関わるキーワードだといえます。保育における環境の意味を理解したうえで、環境を構成したり、その変化を踏まえて保育を構想し、また意図的に環境を移行させたりすることが保育者には求められます。本章では前半で環境の意味を概観し、その後は事例を参照しながら、子ども理解に基づく環境構成の基本を押さえていきます。

1 環境を通して行う保育

幼稚園教育要領第1章総則において、幼稚園教育とは「幼児期の特性を踏まえ、環境を通して行うものであることを基本とする」(傍点引用者)と述べられています。ここでいう環境とは子どもを取り巻くものすべてを指すと解釈できますが、この記述だけでは何を環境と言い表しているのかわかりません。一方、保育所保育指針第1章総則にある「保育所保育に関する基本原則」では、「保育の環境」について以下のように具体的な説明がなされています。

保育の環境には、保育士等や子どもなどの人的環境、施設や遊具など・・・・の物的環境、更には自然や社会の事象などがある。保育所は、こうした・・・・人、物、場などの環境が相互に関連し合い、子どもの生活が豊かなものとなるよう、（中略）計画的に環境を構成し、工夫して保育しなければならない。（傍点引用者）

　まとめると、①人的環境、②物的環境、③自然や社会の事象などという３つになるでしょう。この３つを考えただけでも、環境とは非常に広い概念だということがわかります。そしてこの中には、保育者自ら構成できるものと、難しいものとがあります。言い換えれば、保育者がコントロールできる環境、できない環境があるということです。

　②の物的環境は保育者にも比較的コントロールしやすいといえますが、園庭の固定遊具や園舎などは容易に変更できるものではありません。③の自然や社会現象なども同様です。①の人的環境については、保育者自身が自らを環境として捉え、子どもにとってどういった存在であるかを意識しながら動くことはできます。しかし、子どもを取り巻くあらゆる人の動きまで想定するのは難しいことです。

2　保育環境とアフォーダンス

　ギブソンによるアフォーダンス（affordance：動詞のaffordを名詞化した造語）という概念があります。アフォーダンスとは、「環境が動物に与え、提供している意味や価値」[1]のことをいいます。例えば山道を歩いて疲れているときに、ちょうど座りやすそうな岩を見つけて腰かけたとします。この岩が提供する「座れそうだ」という意味をアフォーダンスと言い表すわけです。

１　佐々木正人『新版 アフォーダンス』岩波書店、2015、p.60

第Ⅰ部　子ども理解の意義と原理

重要なのは、その岩がすべての動物に対して同じ意味を提供しているわけではないということです。若者に対して「座れそうだ」という意味を提示したとしても、乳幼児や高齢者にも同じ意味を投げかけているわけではありません。赤ちゃんから見ればその岩は自分よりもずっと大きく、「座れそうだ」という意味は訴えかけてこないでしょう。

　アフォーダンスは自然界に無数に存在しています。保育者が環境を構成するときにアフォーダンスの概念を意識することで、環境が子どもの動きを引き出したり逆に抑制するようにもなります。一人の保育者がアプローチできる環境を考えると、最も身近な対象としてまず保育室があげられます。どのような保育室にするかによって、子どもたちの動きが変わってくるはずです。

事例 8-1　やりたいのにできない

0歳児クラス／10月

　生後11か月のウララちゃんが、遊戯室にある大きなソフト積み木につかまっています。どうやら積み木を乗り越えようとしているようです。最近つかまり立ちができるようになったウララちゃんは、まだ一人で立つことは難しく、ソフト積み木につかまって立ち上がることはできるのですが、そのまま積み木に上がろうとするとバランスを崩して尻もちをついてしまいます。そんな様子を保育者はしばらく見守っていたのですが、ウララちゃんは何度か同じようなことを繰り返した末に、とうとう泣き出してしまいました。

　泣いているウララちゃんの姿には、尻もちをついて痛かったというよりも、積み木に乗れなかったという悔しさや、自分のやりたいことが思うようにできないという不満が表れているようです。担当の保育者は、「ウララちゃん、乗れなかったの。乗りたかったねー、もう少し小さいのにしてみようか」と声をかけ、ウララちゃんが登りやすいような少し小さめのソフト積み木を持ってきました。

この事例8‐1などは、ごくさりげない環境の再構成ですが、保育者は環境をつくり変える前にウララちゃんの表情やしぐさからできるだけ内面を読み取ろうとしています。まず子どもの様子をよく見てから、どのタイミングで声をかけたらよいか、環境を変える援助をするべきかどうかという判断をしているのです。また、ウララちゃんが大きな積み木にチャレンジしたあとに泣き始めたのを見て、「乗りたかったねー」と声をかけることでウララちゃんの気持ちに共感しています。このような関わりが、ウララちゃんが安心して遊びを楽しめる土台となり、次のチャレンジにもつながっていったと考えられます。もしここで「痛かったね」と言って積み木を片付けてしまったら、ウララちゃんの思いに応えることはできなかったでしょう。

　幼保連携型認定こども園教育・保育要領の第1章総則には、「幼保連携型認定こども園として特に配慮すべき事項」として、「園児一人一人の気持ちを受容し、共感しながら、園児との継続的な信頼関係を築いていくこと」と記されています。子どもたちの気持ちを受容し共感することが信頼関係を生み、その信頼関係が、子どもたちの次の活動を引き出します。環境の再構成は、子どもがまた新たな環境のもとで遊びに取り組むことにつながります。そのため、子どもたちがやろうとしていることをまずは受けとめたうえで場を再構成しなくては、遊びの場を壊すということになりかねません。

　事例8‐1のウララちゃんは、保育者が持ってきた小さめのソフト積み木にチャレンジして、今度はうまく乗り越えられました。そこでウララちゃんは満足そうな表情を見せてくれたので、この保育者は自分の子ども理解や環境構成が間違いではなかったと振り返っています。

3 新しい環境との出会い

　０歳や１歳の頃から保育所やこども園に通う子どもたちは、園の遊び環境に比較的早くなじんでいきます。しかし、幼稚園のように３歳以降入園する場合は、園の環境に慣れるまである程度時間がかかりますし、さらにはそれまでに家庭や地域でどういった経験をしてきたかも大きく影響します。家庭や地域での経験は保護者の考え方によりますので、入園してくる子どもたちの背景は様々だということを念頭に置かなくてはなりません。

　事例８-２は、外遊びの経験が不足していた４歳児のエピソードです。

事例 8-2 家庭と園生活とのギャップ

4歳児クラス／4月

　トウマくんの家は、近所ではまだ珍しいタワーマンションの最上階でした。父親の仕事の関係で都市部に引っ越してきましたが、母親は他県の出身なので、近所に親戚や友人などは住んでいません。父親は出張が多く、母親とトウマくんの２人きりで過ごすのが常となっています。

　トウマくんは幼稚園に入園してからというもの、朝、保育室に入り担任保育者を見つけると、その指を握って離しません。担任にぴったりくっついて過ごしています。そんな状態ですが、担任が砂場に行こうとすると指を離し、保育室から見ているのでした。いくら誘っても外に出ようとはしません。外から戻ってきた友達が手を洗い、わずかでもトウマくんに水がかかると、そこを何度もぬぐっています。

　担任がトウマくんの母親に入園前の様子や家庭での生活について聞いてみたところ、転居してきたばかりの頃（トウマくんが２歳９か月の頃）のエピソードなども話してくれました。２人で近所のスーパーへ買い物に行ったとき、好きなキャラクターのおまけが付いたお菓子を見つけたトウマくんは黙って開封してしまったそうです。店長から咎められた母親は、「自分はしつけが

できていない」と、ひどく落ち込んでしまいました。

　以来買い物はすべて通信販売に頼り、近所に友人がいないこともあって外出もせず、父親が不在のときは室内だけで生活しているといいます。自宅には室内遊び用の砂や、おもちゃの滑り台、動植物を育てるバーチャルゲームなど多数の遊具がありますが、園での遊びはトウマくんがこれまで経験してきたことと大きく異なっていました。

　そこで担任は、「今日はテラスの、園庭まであと一歩のところまで」「今度は園庭の隅に引いた白い線まで」などと、根気強く外へ誘いました。そのときに必ず、空の美しさや雲の形のおもしろさ、風のさわやかさなどを言葉にして伝えました。担任は、不安そうにしながらも園庭まで出てきたトウマくんと手をつなぎ、砂場では土や砂の感触を、水道では手を導いて水の気持ちよさを教え、一つひとつ、徐々に体験できるようにしたのです。

　トウマくんは、秋にはすっかり外遊びが好きになり、室内に入るよう促しても、仲良しの友達と最後まで「もうちょっと！」と楽しむまでに変わりました。そして母親もトウマくんの変化に影響されたのか、次第に積極的になり、年長時にはＰＴＡの役員を引き受けるまでになったのです。

第Ⅰ部　子ども理解の意義と原理

トウマくんはほとんど外遊びをしたことのない子どもでした。家族で付き合えるような友人や親戚などが近所にいなかったことや、スーパーでの出来事がきっかけになっており、母子ともに外へ出る機会がとても少ない家庭だったのです。公園などで砂遊びをすることがなければ、当然、砂や泥をさわる経験はできません。そのような子にとっては、まず実際にさわってみることが一つの挑戦になります。皆さんは、初めてプールに入ったときのことや、田んぼの泥に足を踏み入れたときの感触を覚えているでしょうか。大人にとっては何も恐れる必要のないことでも、初めてふれる子どもにとっては不安や緊張が伴うものなのです。

　そのようなトウマくんの家庭での経験を知った担任保育者は、砂や土に少しずつふれるところから経験させていったのです。そのような援助に支えられて、トウマくんは積極的に外で遊べるようになっていきました。単に「砂遊びが嫌いなんだな」と理解してしまえば、次の手立てはうまく引き出されなかったかもしれません。しかしこの事例の担任は、トウマくんが室内から砂場を見ていたり、自分にかかった水を必死に払っている様子を見て、これまでのトウマくんの経験に思いを巡らせたのです。あるいは他に理由があって砂や水を嫌うのかもしれませんが、未体験のことに対する違和感や恐怖心から拒絶している場合も多いものです。さらに、母親から聞いたエピソードなどから、トウマくんが砂や水を嫌うのはきっと経験不足からくるものだろうと判断し、時間がかかってもいいからまずは一緒に体験していくことが大切だと考えたのです。

　トウマくんだけでなく、母親も次第に外向的になっていったのは、担任も予想外のことでした。子どもが元気に過ごすことで親も積極的になり、生き生きと活動に参加する親の姿を見た子どもは、さらに園生活をよいものと捉えることができるでしょう。

4 遊びの刺激を受ける環境

　園生活を送る子どもにとって大きな役割を果たす人的環境といえば、一つは保育者をはじめとした園の職員であり、もう一つはその子の周囲にいる子どもたちの存在です。園にいる大人の言動を、子どもたちは思いのほかよく見ています。直接言葉で言わなくても、動きを見せることによって少なからず影響を与えています。一方、子ども同士の遊びではどうでしょうか。事例8 - 3を見てみましょう。

事例 8-3　ダイキくんと同じことをしたい

4歳児クラス／3月

　数字を書けるようになったダイキくんは、園内に掲示しているカレンダーを見ながら数字を書き、曜日の漢字も見よう見まねで書き入れて、自分で3月のカレンダーを作り始めました。ダイキくんの様子を見たヨウタくんも、画用紙に自分が知っている数字をランダムに書き始めます。そこで、担任保育者はカレンダーの前にテーブルを持ってきて、ダイキくんとヨウタくんが互いの様子を見ながら作れるように場を整えました。最近ダイキくんと遊ぶことが増えたヨウタくんは、何でもダイキくんと同じことをしたいようです。2人の作るカレンダーは本物とは違って間違っている箇所も多くありますが、自分でマス目を書いて数字を書き入れることに満足しているようです。

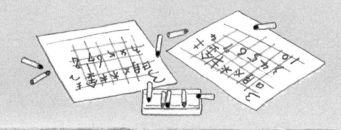

第Ⅰ部　子ども理解の意義と原理

事例のカレンダーづくりは、数字を書けるようになったことが嬉しいダイキくんが、カレンダーを自分で書き始めたのがきっかけになりました。ヨウタくんも、ダイキくんのカレンダーづくりを見ていて魅力的に感じたのでしょう。同じように画用紙に数字を書き始めます。そこで担任保育者は環境を新たにつくり直し、ダイキくんとヨウタくんが互いの姿を見ながら書けるようにしました。その援助の背景には、「最近ダイキくんと遊ぶことが増えたヨウタくんは、何でもダイキくんと同じことをしたい」という子ども理解があります。ダイキくんと同じことをしたいのであれば、その姿がよく見えるような環境のほうがよいだろうと担任は考え、環境を再構成したわけです。この事例からも、子ども理解があっての環境の再構成ということがわかります。ただ、環境構成が必ずしも保育者のねらいどおりの経験につながるわけではなく、失敗に終わることもあります。

事例 8-4　もっと近くで見たい

3歳児クラス／7月

　市街地にある幼稚園でのエピソードです。近隣住民から多数のカブトムシをもらう機会がありました。カブトムシは各クラスに分けられ、サクラ組（3歳児）にも4匹のカブトムシがやってきました。担任保育者はまず子どもたちによく見せてあげたいと考え、ケースに入れた状態で子どもたちの目の前まで持っていき一人ずつ見せました。しかし子どもたちは、もっとゆっくり近くで見たいようです。そこで担任は、「仲良く見てくれればいいな」と思いながらカブトムシのケースを子どもたちの手の届くところに置きました。

　しばらくの間は仲良く見ていた子どもたちでしたが、担任が別の遊びの援助に入って戻ってきたところ、カブトムシのケースは取り合いになっていました。一人でもっとじっくり見たいと思ったゲンくんがケースを持っていこうとしたようで、それを止めようとしたヒロくんやタカシくんたちとケースの引っ張り合いになってしまったのでした。

第8章　保育環境の理解とその構成・変化・移行

担任保育者は、カブトムシを近くでゆっくり見てほしいと考え、子どもたちの手の届くところにケースを置いていきましたが、そのことがいざこざを引き起こしてしまいました。まず、もっと近くでゆっくり見たいだろうという子ども理解は的確だったと思われます。ただそれを叶えるために、特にルールなども提示せずに子どもたちの前に置いたのはあまりよい方法ではありませんでした。3歳児ですから、まだ自分が見たいという気持ちが強く、他者と譲り合って見ることが難しい子も多くいます。そのようなところにルールも提示せずカブトムシを置いてしまうと、子どもが我先にカブトムシにさわったりケースを持ち去ったりするであろうことは想像に難くないはずです。事例8-4では、「カブトムシを近くで見たいのだろう」という子ども理解は間違っていなかったけれど、3歳児では取り合いになるかもしれないという年齢に応じた発達の理解が至らず、援助の方法も誤ってしまったといえます。

5　子どもとともに環境をつくる

　要領の「教育課程の編成上の留意事項」に、以下の内容が記されています。

　　　幼児の生活は、入園当初の一人一人の遊びや教師との触れ合いを通して幼稚園生活に親しみ、安定していく時期から、他の幼児との関わりの中で幼児の主体的な活動が深まり、幼児が互いに必要な存在であることを認識するようになり、やがて幼児同士や学級全体で目的をもって協同して幼稚園生活を展開し、深めていく時期などに至るまでの過程を様々に経ながら広げられていくものであることを考慮し、活動がそれぞれの時期にふさわしく展開されるようにすること。

　「幼稚園生活に親しみ、安定していく時期」から、「幼児同士や学級全体で目的をもって協同して園生活を展開し、深めていく時期」に至るとあるよう

に、子どもたちが園で見せる姿は変わっていきます。そして、保育者には、子どもたちのそのような姿に見合う教育課程を編成することが求められています。子どもの生活そのものが変わっていくので、それに合わせた理解と、その理解をもとにした援助を行っていかなくてはならないのです。

　さて、ここまでは保育者が子どもの姿に合わせて環境を構成したり、また子どもの姿を見ながら環境を再構成する事例を紹介してきました。しかし環境をつくるのは保育者だけではありません。子ども自身も環境をつくる主体です。最後にもう一つ事例をあげておきます。

事例 8-5　自分の場を確保する

3歳児クラス／5月

　4月は泣いている子が多かったこのクラスの子どもたちも、少しずつ幼稚園の生活に慣れ始め、朝から自分の好きな活動に取り組めるようになってきました。ただ、それぞれ遊べるようになってきたのは望ましいことですが、自分の場をつくるために積み木やブロックを独り占めしてしまいます。4歳や5歳であれば友達と一緒に使ったり大きなものを一緒に作れるように促すところですが、3歳児クラスの早い時期に協同して遊ぶことは難しいようです。そこで、この園では3歳児クラスのブロックや積み木の数を多くして、子どもたちがそれぞれ自分の場を確保できるようにしています。また、自宅にあるのと同じおもちゃを使って安心して遊べるように、3歳の前半ではプラレールなども出しています。

　入園当初は、家庭からの環境の変化が大きいため、どうしても不安が強く出たり、遊びも独りよがりになりがちです。事例の園では、家庭にあるようなおもちゃを出しておく、積み木など場を構成するために使える素材を多く準備するなど、子どもたちがスムーズに園生活へ入っていけるような工夫をしています。

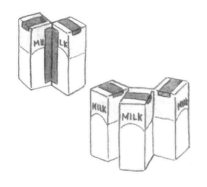

積み木などは各園に限られた数しかないと思われますが、工夫次第で場をつくるための素材を増やすことは可能です。例えば牛乳パックに新聞紙を詰めて、一面だけをガムテープでつないでジャバラ状にすると、とても軽い積み木のような素材となります（イラスト参照）。

　3歳児でも容易に持ち運んだり積み上げたりできるので、囲みをつくって「お風呂」「おうち」などと見立てることもできます。5歳児クラスの保育者ならば、複数の子どもたちで協力して大きな家などを作ってほしいとも願うでしょうが、3歳児クラスであれば、まずは自分で落ち着く場を確保することが大切です。そのための素材を多めに用意するのがよいでしょう。

　要領の総則に、教師は「幼児と共によりよい教育環境を創造するように努める」と書かれています。保育者だけでなく子ども自身も環境をつくる主体ですが、乳幼児が道具や素材などを用意することはできません。子どもたちがどんな環境をつくるだろうかと想像を巡らせ、そのために必要な素材などは保育者が用意していきます。子どもと保育者がともに環境をつくっていくことで、より子どもの生活にふさわしい場にしていくことができます。

演 習 課 題

　自分にとって居心地のよい場所とは、どういう場所でしょうか。その居心地のよさを保育現場の環境に取り入れるとしたら、どういった環境構成になるでしょうか。園舎内（保育室など）、園舎外（園庭など）ともに、具体的に記してみてください。

II

子ども理解の
方法と援助

第II部では、子どもの具体的なエピソードを多数取り上げながら、保育実践の場における子ども理解の方法について考えていきます。子ども理解につながる記録の形式や、記録をまとめ共有していくための環境づくりの方法なども実践的に学びます。

子どもを理解する方法
——観察・記録・評価・省察

　子ども理解の最も基本となるのは、しっかり「みる」ということです。で
は、「みる」とは何をどのようにみることなのでしょうか。「みる」には、
「見る」「観る」「診る」「視る」などの漢字がありますが、子どもを理解する
うえでの「みる」はどれに当たるのでしょうか。この章では事例を取り上げ
ながら、実際の子ども理解の方法について考えてみます。

1　子どもを「みる」

　一般的には「見る」という漢字を使いますが、観察の「観」という字を当
てて「観る」と書く場合は、眺める、見渡すなどのニュアンスを含みます。
また「視る」と書くと、じっと見る、凝視するような意味合いが感じられま
すし、「診る」であれば、診察や診断をするといった行為をイメージするで
しょう。

　本書では基本的に「見る」と表記していますが、保育実践において「子ど
もをみる」というときは、多様な意味合いが含まれています。対象となる子
どもだけでなく、周りの子どもや環境も含めて「観る」ことや、じっくりと
「視る」こと、そこからその子の課題などに気がつくための「診る」という
意識が必要です。

　では事例 9 - 1 のアズサちゃんについて、じっくりと見てみましょう。

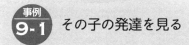

事例 9-1　その子の発達を見る

5歳児クラス／10月

　幼稚園に通うアズサちゃん（6歳）は、半年後には小学校へ入学します。10月のある日、担任保育者は一人でお絵かきをするアズサちゃんの様子を見ていました。アズサちゃんはお絵かきや製作などによく取り組んでいますが、動作がなかなか洗練されず、同年齢の子よりも言葉の発達や手指の巧緻性などが幼く見えます。今日は女の子の絵を描いていますが、年長児にしては拙い印象の絵です。

　アズサちゃんは体を動かすことも得意ではなく、例えばドッジボールではいつも怖がって逃げてばかりいます。リレーでは、アズサちゃんの番が来ると必ず相手チームに抜かされてしまいます。それでも同じクラスの友達は不満を言うことはなく、アズサちゃんの分を取り返そうと張り切りますし、アズサちゃん自身も精一杯走っているように見えます。

　アズサちゃんは普段同じクラスの友達と遊ぶことはあまりなく、一人で絵を描く姿や、砂場などで年中や年少の子たちと一緒に遊ぶ姿が多く見られます。そういったときも自分から話しかけることはあまりなく、相手の発話に対して簡単な返事をするのみです。周囲の子どもたちと活発なやりとりはないものの、いつもニコニコしているためか、周囲の子がアズサちゃんを拒むようなことはありません。

　たまにごっこ遊びへ入れてもらうと、たいてい赤ちゃんの役を割り当てられています。アズサちゃんは担任が話しかけても短い言葉でしか反応しませんが、担任を避けたり、目が合わないようなことはありません。

　3歳児クラスから入園して2年半ほど経ちますが、発達のペースが他児よりもゆっくりであるようだと担任は感じています。近々、小学校で就学時健診[1]がありますが、母親も、アズサちゃんが健診の受け答えができるかどうか心配しています。

第9章　子どもを理解する方法

このようなエピソードを通して子どものことを見る場合、最も基本的なことは、その子を取り巻く状況の把握です。まずアズサちゃんは年長の女児で、今は10月です。年長の10月であれば、子どもたちの人間関係も安定し、保育者を介さなくても子どもたちだけで関係をつくりながら様々なことに挑戦していける時期になっているはずです。ただ、アズサちゃんの場合、「普段同じクラスの友達と遊ぶことはあまりなく、一人で絵を描く姿や、砂場などで年中や年少の子たちと一緒に遊ぶ姿が多く見られ」るので、年長児同士での仲間関係を築くのは得意ではないようです。

このように、発達の道筋をイメージしておくことは、その子の今の状態を知るうえで有効です。現在の子どもの状態を捉え、今後の発達を見通すことができるからです。一人一人を丁寧に見ていくためにも、目安として各年齢の発達像を知っておくことは不可欠です。

2　記録を積み重ねる

■2-1　点を線に、線を面にする

年長10月時点でのアズサちゃんの様子は、事例9-1からその一部分はわかります。ただこの事例だけではアズサちゃんを「点」でしか捉えることができません。「点」が複数あることで「線」になり、「線」が複数引かれていくとそれが「面」となっていきます（図9-1）。子どもを理解するということは、「点」で捉えるのではなく「線」や「面」で捉えていくことに他なりません。

1　就学時健康診断。学校保健安全法に基づき、小学校就学前に該当する児童の疾患や知的発達の度合いを測る検査を行います。学校保健安全法第11条：市（特別区を含む。以下同じ。）町村の教育委員会は、学校教育法第17条第1項の規定により翌学年の初めから同項に規定する学校に就学させるべき者で、当該市町村の区域内に住所を有するものの就学に当たつて、その健康診断を行わなければならない。

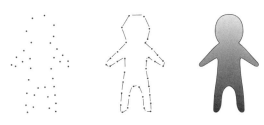

図9-1 点から線・面へつなげていくイメージ

　では具体的に考えてみましょう。アズサちゃんの場合、同じ年長児と一緒に遊ぶことは少ないようですが、それはここ最近の状況なのでしょうか、それとも長く続いているのでしょうか。もし最近になってからのことだとしたら、何かトラブルがあって友達とけんかをしたのかもしれません。誰か意地悪をする子がいたり、あるいはアズサちゃんが他児に何か嫌なことをしてしまい、周りの子と一緒にいられなくなった可能性も考えられます。

　一方、以前からこのような状態が続いているとしたら、何か別な要因があるのでしょう。アズサちゃんの発達に何らかの課題があるなら、同年齢の子どもたちとの遊びでは理解が追い付かないことも想像できます。他にも、例えば年長の途中で転園してきたなどという経緯があった場合は、すでに人間関係の出来上がっているクラスになじめず、年齢の低い子たちと一緒に遊ぶほうへ気持ちが向いたということもありえます。このように、現在の状態を考えるにも、過去の状況がわかっていないと適切な判断ができません。

■ 2-2　子ども理解のための記録

　子ども理解のために使う記録（保育実践記録）は、一般的には公開せず、保育者が自分自身のために書いていくものです。

　そのような記録は、どれくらいの頻度で書いていけばよいのでしょう。可能であれば一日のうち少しの時間でかまわないので、毎日書く習慣をつけていきたいところです。そのためには、園の体制として記録を書くための時間、つまり子どもと離れて省察に集中できる「ノンコンタクト・タイム」の設定が望まれます。持ち帰り仕事として自宅に帰ってから…というのでは長続き

第9章　子どもを理解する方法

しません。しっかりとした子ども理解が保育・教育の基盤になると考えるのであれば、園が責任をもって記録を書く時間を確保すべきです。「時間があるときに書けばいい」と考えていると、どうしても目の前の仕事が優先されてしまい、子ども理解のための記録は後回しになってしまいます。毎日20分程度でよいので、園にいる間に集中して書くことができれば、子どもたちの記録は毎日蓄積されていきます。そうすると「点」が「線」となり、ゆくゆくは「面」で子どもを捉えることができるようになっていくでしょう。

　保育実践記録の場合、個人を中心に書こうとしても、周りの子どもたちとの関わりが重要なことが多いので、周囲の子どもの様子や彼らとのやりとりなど、対象児を取り巻く環境や状況も含めて書かなくてはなりません。またその記録は自分だけが読めるものではなく、第三者が読んでも意味のわかるように書いておきます。そうすることで、記録をもとにした子ども理解のための会議（カンファレンス）も可能になります。複数の目で子どもを見ることで、自分だけでは見えてこなかった側面に気がつくはずです。

3　評価として記録を活用する

■3-1　できていることに注目する

　記録を書くときは、その子の気がかりなことばかりではなく、できていることを意識するようにしましょう。とりわけ発達に何らかの課題がある子どもの場合、どうしても、集団生活の中で気になる点に目が向いてしまいます。しかし、ポジティブな面に注目することが、後の発達支援においても非常に重要となってきます[2]。なぜなら、できないことや苦手なことに対してアプローチしていくために、できていること（好きな遊びや得意なこと、自己発揮で

　2　久保山茂樹「障害のある子を支える保育者の専門性」中坪史典編著『テーマでみる保育実践の中にある保育者の専門性へのアプローチ』ミネルヴァ書房、2018、pp.214-223

第Ⅱ部　子ども理解の方法と援助

きる場面など）が大きな手がかりになるからです。

　同年齢の友達とはあまり遊ばないアズサちゃんですが、歳下の子どもたちとは上手に遊べているようです。また、いつも笑顔でいるということは、アズサちゃん自身は同年齢の友達と遊べていないことを特に寂しいと感じていないのかもしれません。そういったポジティブな側面を手がかりにして保育者の援助を考えていくとよいでしょう。アズサちゃんの例であれば、歳下の子どもたちと遊んでいるときに小さな子の面倒をよく見ていたなど、具体的な姿を捉え、それをクラス内で共有することで同年齢の子たちのアズサちゃんに対する見方が変わるかもしれません。こういった例からも、できることや得意なことの記録が重要だとわかります。

■ 3-2　事実と考察を書き分ける

　保育実践記録では、事実とともに、考察（事実に対して保育者がどう考えたのか）を忘れずに書きましょう。事実だけを書き連ねていくと、その事実を保育者がどう評価し、その後どう関わっていったのかがわかりません。その評価（保育者の見方）が合っているにしろ間違っているにしろ、どのように考えたのかを書くことによって、評価を後で振り返ることができます。

　記録の際、事実と考察の部分は区別できるように書き分けましょう。どこまでが事実でどこからが推測なのかわからない記録だと、他者が読んだときに混乱してしまいます。例えば推測や考察に当たる部分は違う色で書く、下線を引くなどして、事実とは違うということを明確にしておきます。

4 質的評価と形成的評価

　保育実践の文脈における「評価」とは、「善し悪しを判断する」という意味ではありません。保育における評価（アセスメント）は、小学校以降によく行われる五段階の評価とは2つの意味で異なります。

　1つ目は、保育において日々行われる評価は、「質的」な評価だということです。このような評価は文章で記述していきますので、数量的に示す評価とは異なります。現在は小学校でも、相対評価ではなく絶対評価を用いるのが一般的ですが、保育における評価はそのどちらとも異なります[3]。今現在の子どもの姿を具体的に記していく、エピソード型の評価です。

　2つ目は、保育実践の中で行う評価は、発達の途上にある子どもの姿をその時点の状態で記していくということです（形成的評価）。学校の五段階評価は学期末などに提示され、それまでの学びのまとめとして評価するものです（総括的評価）。

　形成的評価は、その後の教育活動のために用いられ、結果ではなく過程を記すものです。乳幼児期の子どもたちは成長・発達が著しいので、学期ごと一年ごとではなく、成長・発達の過程を記録しそれを評価に生かしていくことが重要です。

3　相対評価は、ある集団内（学級など）で比較して行う評価です。学校でよく用いられる5段階評価を例に考えると、「5」の割合は約7％、「4」の割合は約24％など、評価の割合を決めて正規分布に近づくよう評定します。そのため評価される集団には、「5」の生徒も「1」の生徒も必ずいます。一方、絶対評価は、誰かと比べて行うものではなく、ある課題の達成基準を決めてその基準との比較で行います。仮に絶対評価で5段階にした場合は、多くの生徒が「5」と「4」になるといった分布もありえます。

5　保育を省察する

　「省察」とは、自分自身について振り返ってみることです。保育者の省察とは、自らの子ども理解について「本当にこの見方でよかったのか」「他の見方はなかっただろうか」などと振り返ることです。自分で自分の思考や行動を見つめるという、なかなか難しい作業です。精一杯取り組んだうえで、「本当にそれでよかったのか？」と自問自答するわけですから、つらさを伴うかもしれません。そのため、省察は自分一人だけで行うのではなく、他者の視点を取り入れるのが有効です。事例９‐２で具体的に見ていきましょう。なお、省察を組織的に行う方法や実践例については第10章で詳しく述べます。

事例 9-2　緑がぼくの色

3歳児クラス／12月

　この園の子どもたちは、毎年12月に地域のスケート場の協力を得て、スケート教室を体験しています。3歳児クラスのシンくんは、自分でスケート靴の紐を上手に結び、皆がまだリンクの脇に揃わないうちから一番にリンクに出ようとしました。シンくんの両親はスケートが大好きで、シンくんも2歳上の兄ユウくんも、頻繁にこのリンクへ遊びに来ています。シンくんは、インストラクターの先生が「まだ入らないでね」と言うのを聞かず、リンク中央に置かれたカラーコーンのところまで滑っていきます。複数の色の中から緑のコーンを選び、リンクの端まで運んで「これ、ぼくの！」と言いました。

　シンくんは友達の前で上手に滑り、口々に褒めてもらって嬉しそうです。皆がシンくんの周りに集まりますが、一つしかない緑色のコーン

は決して離そうとしません。

　そのとき担任保育者は、シンくんが赤いシャベルや青い三輪車などにちっとも興味を示さないことを思い出しました。園にある遊具や道具は皆が使ってよいのだと伝えても、「いい」と言って手を出さないのです。担任の記録には、「シン、物に興味を示さない。おもちゃなどを使って遊ぶ楽しさも知ってほしい」といった記述がありました。

　解散時、担任はシンくんの母親に「シンくんが好きな色は、緑なんですか？」と訪ねました。すると母親は「ああ、緑はシンの色だから」と答えて、兄ユウくんは青でシンくんは緑と、所有物を色で区別していることを教えてくれました。シンくんが青色の物を黙って使うと、ユウくんは怒ってしまうそうです。確かに、兄弟で色違いのＴシャツ、手提げバッグ、靴などを持っていることが多く、ユウくんは青でシンくんは緑でした。

　担任は園に戻った後、シンくんのお道具箱をそっと開けてクレヨンを見てみました。すると緑色だけが他の色の２倍以上も減っていたのです。担任は園長と相談して、急遽、古くなった砂場のバケツやお皿、保育室の皆で使うハサミなどを緑色で買い替えました。するとシンくんは積極的にそれらを使って遊び出したのです。そのうえで、保育者らは園児たちに、どの色の物も使ってよいこと、皆で仲良く使うことを改めて教えたのでした。

　担任保育者は当初、緑色のコーンを絶対に離さないシンくんに強いこだわりを感じ、どう関わったらよいのか戸惑っていました。しかし、シンくんが普段から赤や青のものには全く興味を示さず、自由に使ってよいと伝えても手を出さなかった姿を思い出します。この記憶と緑色のコーンへのこだわりがつながって、「もしかして」という予想ができたのです。

　担任は「物に興味を示さない」と記録していたわけですから、赤や青に興味を示さないシンくんではなく、遊具や道具に興味を示さないシンくんという誤った理解をしていました。しかし今回のスケートの事例と出会ったこと

で、「点」と「点」が結びつき、「線」になる可能性が出てきました。そこで担任は母親に家庭でのシンくんの様子を聞いて、「線」につながりそうだった「点」をさらに増やし、それらを「線」、「面」として理解することができたのです。兄弟間で「自分の色」があるシンくんは、園でも緑色にこだわり、クレヨンも緑だけが短くなっていたのです。これらの事実も担任にとってはシンくんの理解を深める「点」の一つになったことでしょう。

　「点」を「線」にしていく、さらに「面」として子どもを捉えていくことについて理解できましたか。「点」が多くなれば、「線」につなげて認識しやすくなります。子ども理解でいえば、園における子どもたちのエピソードが「点」であり、それらが多ければ多いほど「線」になる、つまり理解が進むと考えられます。ただ、担任が対象となる子どものすべてのエピソードを把握しているわけではありませんから、他の保育者からの情報は大変有効です（第10章参照）。

　また、事例9-2のように、家庭での姿も重要な「点」（子ども理解のための要素、エビデンス）の一つです。保護者とよい関係をつくりながら、家庭での様子を聞かせてもらいましょう。保育者は園での子どもの姿、それも子どものがんばっている姿や微笑ましい姿などを積極的に伝えていくようにします。そうすることで、保護者と保育者双方の子ども理解が深まり、一緒に子どもの育ちを支えていくパートナーのような関係が築かれます。子どもを育てる味方として保護者に伴走できれば、保育者の子ども理解もさらに深めていけることでしょう。

演 習 課 題

　映像などを見ながら、子どもの様子を記録する練習をしてみましょう。どう書いたら第三者にも伝わるか、最低限どういったことを記録しなくてはならないか、といった点に留意しながら書いてみましょう。

第10章

職員間の対話・保護者との情報の共有

子ども理解は、園内で話し合いを行い互いの考えを開示することによってさらに深めていくことができます。本章では職員間で子ども理解をどう深めていくか、そして、そこで見えてきた子どもの姿を保護者などにどう伝えていくかを学びます。

1 複数の目で子どもを見る

保育現場では、担任などその子を担当する保育者が責任をもって安全を確保し、発達を援助しています。もし担当者が決まっていなければ、「誰かが見ているだろう」と考えてしまい、結果として「誰も見ていなかった」ということにつながりかねません。子ども理解以前に、安全確保の点からも危ういものとなります。

一方で、「どの子も皆が見ている」という体制も保育施設には必要です。前述したとおり幼稚園なら1クラスに最大35人がいるわけですが、この子たちを担任保育者だけで丁寧に見るのは困難です。この規定自体、今後検討していくべきものですが、まずは現行制度の中でどう工夫ができるか考えていきましょう。

年長児の場合、一人で担任をしていることが多いため、30人くらいの子どもがいても基本的には一人で責任をもって子ども理解に努める必要があり

ます。ただし、保育者にも子どもを見るときの癖や傾向がありますから、一人一人をしっかり見ようとしても、程度に違いが出てくるはずです。こういったそれぞれの保育者の偏りをどう補っていけばよいでしょうか。

　偏りに気づくための方法として、ＩＣＴ機器を活用した記録システムがあります[1]。このシステムでは、担当するクラスの子どもたちの名前をあらかじめ入力しておき、記録の作成時には登場する子どもを選んで具体的なエピソードを書いていきます（図10 - 1）。このシステムを使うと、慣れれば30分ほどで3から5くらいのエピソード記録を書けるようになります。

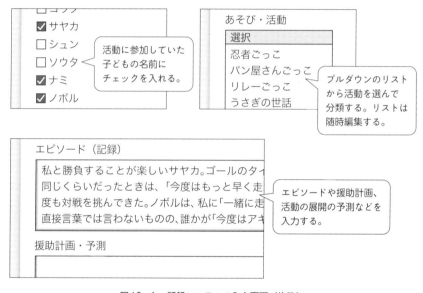

図10 - 1　記録システムの入力画面（抜粋）

出所：高橋らによる記録システム（脚注1）を基に作図

1　高橋健介・北 真吾・奥村和正・早坂聡久・伊藤美佳「集団保育における日々の記録とその評価—クラウド・コンピューティングを活用した保育記録での出現数に着目して」『東洋大学ライフデザイン学研究』15、2020

第10章　職員間の対話・保護者との情報の共有

記録の集計・分析などを目的としたこのシステムでは、少なくとも一日に1つのエピソード、できれば複数のエピソードを書いていくことが期待されています。そうして蓄積された記録を月ごとに集計していくと、どの子が記録に多く出てきたか、遊びの場所としてどこが頻繁に使われていたか、といったことがわかります。

このようなシステムと分析結果を園内研などで活用すれば、保育者は自分の記録の傾向に気づくことができます。その気づきを、次の計画や記録の作成時に生かすのです。事例10‐1の園では、この記録システムを実際に活用しています。

事例 10-1 記録をよりよい実践につなげるための取り組み

認定向山こども園では、保育者が集中して記録を書くための時間を毎日20分ほど確保しています[2]。記録をまとめる力量に違いはありますが、少なくとも1つ、多くて5つ程度の記録を書くことができます。

記録の作成後、担当する年齢別に保育者が集まり、記録をもとに今日の出来事を報告していきます。その日を振り返り、翌日の保育をどう展開するかという計画を考えることにもなります。この方法を導入することで、若手を含め、どの保育者にとっても記録を書くことが習慣となり、それが子ども理解の充実につながっています。園内研ではそれぞれの保育者の月別の記録を集計しますので、自分の記録の傾向に気づくこともできます。[認定向山こども園：宮城県仙台市]

　2　認定向山こども園の保育者の勤務体制については、以下の文献で詳しく紹介しています。木村 創「認定向山こども園における「保育の質」向上の取り組み」高橋健介・請川滋大・相馬靖明編著『認定こども園における保育形態と保育の質』ななみ書房、2017、pp.27-41

第Ⅱ部　子ども理解の方法と援助

手書きの記録をデータ化して分析しようとすると、逐一入力するなどの手順が必要です。本章で紹介している記録システムのメリットは、毎日の記録をそのままデータとして分析できることです。最初からパソコン等のＩＣＴ機器で記録を作成しており、参加しているメンバーや場所、遊びの種類などは選択肢が設定してあるため（図10‐1参照）、数量的な分析と文章（テキストデータ）を用いた質的な分析の両方に使えるわけです。

　このシステム自体は、実践を客観視したり共有したりするうえでとても役立ちます。ただし事例でも示したように、このようなツールを活用して子ども理解を進めるためには、記録を日々継続して書いたり保育者同士が話し合ったりする時間が必要です。

2　子ども理解を深めるための体制づくり

■2‐1　ノンコンタクト・タイムの設定

　事例10‐1の認定向山こども園（幼保連携型認定こども園）では、記録を書く時間と、保育者同士が話し合う時間を確保しています。このような体制を整えるのは、保育時間が長い園では難しいと感じるかもしれません。特に保育所や認定こども園では長時間の保育を行っており、多くの保育者が交替で勤務しています。そのような働き方の中で、記録作成や話し合いのための時間を確保することは困難なように思えますが、保育者の働き方を工夫すればこのような時間を確保することが可能になります（事例10‐2も参照）。

　また、「そもそもそのような時間が必要なのか」「それより少しでも多く子どもと関わるべきではないのか」と考える人がいるかもしれません。しかし、第9章でも記録の意義について述べたとおり、記録を書くこと、記録をもとに話し合うことは、保育の質向上のために必須のことなのです。

　以下に示すとおり、記録を書く時間や話し合いの時間を工夫して捻出している保育所があります。

事例 10-2 省察のためのノンコンタクト・タイム

　出雲崎保育園では、子どもが興味をもったことを存分に突き詰めていけるように援助するという、幼児教育の根幹を重視しています。子どもたちから出てきた発想を大切にするためには、「子どもたちが何に興味をもっているか」という子ども理解を、毎日丁寧に積み重ねていかなくてはなりません。

　そこで、保育士が子どもと離れて記録・話し合いなどに集中する時間（ノンコンタクト・タイム）を確保できるよう工夫しています。大きく２つあげると、１つは、清掃は保育補助の職員が主に行っていることです。保育室内の環境構成は保育士が責任をもちますが、保育室と共有スペースの清掃は補助の職員に担当してもらいます。２つめは、午睡のときの保育士の配置です。こちらの園は子どもの人数が少ないので、０〜１歳児と２歳児以上という、２つの部屋で午睡をしています。そうすることで、部屋を細かく分けるよりも記録の作成やカンファレンスに取り組める保育士が多くなります。また、主任などクラスを担当していない管理職も午睡の対応に入る取り組みもしています。

　このような方法によって、毎日、クラス担当者がノンコンタクト・タイムを確保することができています。記録や会議のためのまとまった時間がとれるので、子どもたちの様子を丁寧に振り返り、同年齢を担当する保育士間でも情報を共有できるのです。[出雲崎保育園：新潟県出雲崎町]

　このように体制を整えていくことで、保育実践の質の向上が期待できるでしょう。出雲崎保育園では、園内研などで子どもに対する解釈や援助を報告し、それに対する他の見方や意見を提示してもらうことで、自分たちの見方を客観視できるよう努めています。意見する側は、個人の性格や資質を否定するのではなく、「視点」を提示します。例えば「私はこのように考えた」「この遊びはこんなふうにも捉えられるのではないか」といった意見です。

こうした研修を繰り返していくことで、いずれは、他者から直接意見をもらわなくても、自分で複眼的に捉えることが可能になります。そのような習慣ができれば、個々に行う省察もより深めることができます。

■2-2 アセスメントシートの活用

事例 10-3 アセスメントシートを用いた子ども理解

　認定こども園北見北光幼稚園は、もともとは幼稚園で、現在は幼保連携型認定こども園になっています。認定こども園になる際に園舎を建て替え、それをきっかけに、子どもたちが園内環境をどう使っているか、また、「主体的で対話的な深い学び」とは何かを考えたいという目的をもって園内研を実施してきました。園内研では「深い学び」について、次のような流れがあるのではないかと検討されました。

　①子どもたちの興味・関心

　②一定程度の持続的な関わり

　③遊び（活動）の中での気づき・発見

　④遊び（活動）の探究

　⑤新たな気づき・発見

　⑥さらなる遊び（活動）の探究

　この流れをさらに検証するために、子どもたちの姿を記録するアセスメントシートを作成しています（図10-2）。月に1回程度、具体的なエピソードをアセスメントシートに記入し、それを用いて園内研を進めることにしました。このような方法によって、遊びに興味をもっている姿やそれを探究しようとする様子など、遊び（深い学び）の構造を検討したり、その内容を他の年齢を担当する保育者とも共有できるようになりました。[認定こども園北見北光幼稚園：北海道北見市]

年長組　4月　足湯づくり

<u>4月18日</u>　なつきちゃん、ちはるちゃん、ゆかちゃん、さくらちゃんの4人が、流木を四角形に配置し、そこに座って何やら会話を楽しんでいる。

保育者：何しているの？
ちはるちゃん・なつきちゃん：何もしてないよ、座って話しているだけ。
保育者：この椅子は誰が作ったの？
ちはるちゃん：ちいちゃんたちが座りたいから、木を集めて作ったの。
保育者：(裸足になって小さく固まっていたので) 足湯みたいだね。
なつきちゃん・ゆかちゃん：足湯行ったことある。
ちはるちゃん：それならここに穴を掘って、足湯作らない？
ゆかちゃん・さくらちゃん：いいね！ やろう。
なつきちゃん：じゃあ、なつきもやろうかな…。

4人は最初、近くにあった木の棒で穴を掘り始めたが、もっと広く深く掘りたいと思いスコップを用意して掘り進めた。

なつきちゃん：だんだん深くなってきたね。
ちはるちゃん：でもこれじゃあ皆の足は入らないんじゃない？ 一回皆で入れてみる？
ゆかちゃん：ギリギリ入るね。
ちはるちゃん：でも、先生の足大きいから入らないよ。
さくらちゃん：もっとたくさん掘ろう。

4人は3日間かけて、足湯のための穴を掘った。その間、実際に行った足湯にはソフトクリーム屋さんやごはんを食べる場所があったこと、足湯以外にも様々な温泉があるということなど、自分の経験を仲間同士伝え合っていた。また、ミーティングで取り上げた際には、お湯が流れてくる管が必要なこと、お湯が土に吸い込まれないようにシートを敷くと良いこと等、アイディアを学年全体で出し合った。

<u>4月23日</u>

ちはるちゃん：そろそろお湯入れてみない？
ゆかちゃん：もう皆も先生も入れそうだね。
ちはるちゃん：お湯運んでくる！
なつきちゃん：なつきもお湯運ぶ！
ゆかちゃん：じゃあ、ゆかたちは (お湯を流すための) 塩ビ管を持ってこう。
さくらちゃん：うんそうだね。

主体的・対話的な姿

	キーワード
・自分たちの経験をもとに、何をしたいか、何が必要かなどについて話し合いながら遊んでいる。 ・仲間同士イメージを共有し、イメージしたものに向かって長時間継続して遊んでいる。 ・自分たちで役割分担をしている。	・協同性 ・社会生活との関わり ・思考力の芽生え ・言葉による伝え合い

図10-2　アセスメントシートを用いた遊びの検証

出所：認定こども園北見北光幼稚園のアセスメントシートを基に作図

「深い学び」の姿

（支えた要因）	キーワード
①「興味・関心」をキャッチする ・子どもたちは日頃からごっこ遊びをすることが好きで、よく取り組んでいたので、ごっこ遊びにつながりやすいよう保育者が「足湯みたいだね」と声をかけた。	
②「持続的な関わり」にしていく援助 ・保育者がさりげなく「広くなってきたね」「足湯入るのたのしみだね」と声をかけたことや、学年のミーティングで4人の遊びを取り上げ、自分たちで他児に遊びの様子を伝えていったことで、子どもたちの意欲がより高まり、継続して取り組んでいくことができた。また、ミーティングでは、他児からのアイディアも出ていたため、今後もそのアイディアを意識しながら継続して取り組んでいくことが予想される。	・自立心
③「気づき・発見」を取り上げる ・子どもたちの「このままお湯を入れたら土に吸われちゃうよね」などといった会話に保育者も入り、4人と一緒に解決策を考えたり、学年のミーティングで具体的な方法を考えていった。	・思考力の芽生え ・言葉による伝え合い ・協同性
④「探究」する活動を保障する ・ミーティングでこの遊びを取り上げたことで、遊びに関わっていなかった子どものアイディアを聞くことができ、「もっとこうしたい」「こうしたらもっとおもしろい」という思いが芽生えていた。	
⑤「新たな気づき」を共有していく ・ミーティングで得たアイディアを、遊びの中で子ども同士や保育者が取り上げ、意識できるようにする。	
⑥さらなる遊び（活動）の探究 ・「ソフトクリーム屋さんがあった」「着替える場所が必要」などのイメージが子どもたちの中にたくさん浮かんでいるので、それを形にしていくことが予想される。また、この遊びを見た他児が「入ってみたい」と言うことをきっかけに、お客さんを呼び、おもてなしするようになる。	・豊かな感性と表現 ・協同性

このように月に一度アセスメントシートを記すことで、その時期にそれぞれの年齢の子どもたちがどんな遊びに取り組んでいたかよくわかるようになりました。各時期の子どもの遊びが記録として残りますので、将来、例えば初めて年少クラスを担当するときには、過去の年少クラスの遊びの記録が参考になるでしょう。もちろん、全く同じような遊びが展開されることはありえませんが、5月頃に3歳児が砂場でこんな遊びをしていた、こんな経験をしていたという記録があれば、環境構成をしたり遊びの展開について見通しを立てたりする際の手がかりになります。

　ただし、この形式の記録を続けてみてわかってきたのは、保育者の目に留まる遊びは記録しやすいけれど、ちょっとしたやりとりや遊びは記録に残りにくいということです。

　例えば空間を大きく使ったダイナミックな遊びは保育者の記憶にも残りやすく、園内研で話題になっても思い出すことができます。一方、今後深まっていきそうな遊びや活動でも、あまり目立たないものは取り上げにくいようです。そう考えると、月に一度だけ丁寧に記録を書くということの課題も見えてきます。それは、最も印象に残った遊びしか記録に残らないということです。事例10-1のように、毎日の記録と併せて取り組むことが必要でしょう。やはり、小さな出来事や子どもの姿を継続して書いていくことが求められます。

第Ⅱ部　子ども理解の方法と援助

事例 10-4　個人の記録からカンファレンスへ

　2歳児クラスを担当しているエリ先生は、先月の記録を読み返してみました。子どもたちの遊びに対して言葉がけを多くしていましたが、こうして改めて読み返すと、本当にそのときの子どもたちの気持ちに寄り添っていたかどうか疑問に思えてきました。保育者である自分が遊びをリードしてしまっていたように感じたのです。

　そこで今月は、言葉をかけるよりも子どもたちの様子を見守るように意識したところ、2歳の子どもたちも活発に言葉でやりとりをしながら自分の気持ちを表現していることに気づいたのです。そのときの子どもたちの様子を記した記録をもとに、先月の記録と省察、そして今月は関わり方を変えてみたことを園内研で報告しようと考えています。

　エリ先生自身はもちろん、エリ先生の報告を聞いた周囲の保育者も、何らかの気づきを得ることができたでしょう。

　記録を園内のカンファレンスで共有することは、報告した保育者へ新たな気づきをもたらすだけでなく、周りの保育者にも様々な気づきを促します。若手の保育者は、カンファレンスで何をどう話せばよいのか戸惑うかもしれませんが、身構える必要はありません。カンファレンスは「正しい答え」ではなく、様々な考え方を率直に提示する場です。

　互いに意見を表明できるような関係は、職員間で緊密に連携していくうえでとても重要です。よりよい援助のため、安全を保障していくためにも、その関係性は不可欠です。過去に保育所で起きてしまった死亡事故について、その要因を物理的な環境だけに求めるのではなく、「保育者のコミュニケーション不足」が大きいという主張もあります[3]。保育者同士の人間関係が悪

く、コミュニケーションが不足している職場であれば、気がかりなことがあったとしても共有しにくいものです。日頃から、気づいたことや感じたことをざっくばらんに話し合える関係をつくっておくことが必要です。

　保育者同士が立ち話で情報の共有・交換をしたり、わずかな時間でもお互いに子どもの様子を伝え合うなど、多忙な中でできる工夫をしている園もあります。このような非公式（インフォーマル）な情報共有に加えて、一週間に１回程度は、子どもたちの様子を伝え合うカンファレンスを設けたいものです。

　繰り返しになりますが、保育者間に友好的な人間関係が築かれていないと、皆が遠慮して発言しない、あるいは特定の人がずっと話すようなカンファレンスになってしまいます。子どもたちのことについて楽しく話し合えるような雰囲気を日頃からつくっていきましょう。

3　保護者との情報共有

　さて、園内で子ども理解を深めることができたら、ぜひそれを保護者と共有していきましょう。保護者との情報共有の基本は、子どもの育ちを知ってもらうということです。

　遊びを中心とした保育では、子どもたちの育ちが一見わかりにくいことがあります。特定の知識や技能を育てようとする実践ではないからです。しかし、日々の生活の中で確実に子どもたちは成長していますし、それを見ることができるのが保育者です。そして、専門家の目で捉えた子どもたちの様子を、保護者にわかるように伝えていくことも保育者の役割の一つです。

　特に最近では、写真の取り扱いが容易になったので、プライバシーへの配慮は必要なものの比較的スムーズに記録へ活用できるようになりました。

　　3　猪熊弘子『死を招いた保育―ルポルタージュ上尾保育所事件の真相』ひとなる書房、2011

事例 10-5　写真を効果的に用いた記録の作成

　活動のプロセスを視覚的に示した記録のことをドキュメンテーションと呼びます。イタリアにあるレッジョ・エミリアの保育における取り組みがよく知られています。子どもたちのプロジェクト活動の様子や保育者とのやりとりを、言葉や写真、素材などを組み合わせて視覚的にもわかりやすく伝えようとする記録です。

　レッジョ・エミリアの保育は世界各国へ紹介され、特に国全体としてレッジョ・エミリアの保育を取り入れているスウェーデンでは積極的にドキュメンテーションの作成に取り組んでいます。

　また、ニュージーランドの保育現場では、ラーニング・ストーリーと呼ばれる記録の形式があります。個人別に写真記録を作成し、子ども一人一人に対して月に1〜2ほどのラーニング・ストーリーを書いています[4]。ラーニング・ストーリー、つまり「学びの物語」ですから、子どもたちが何に熱中しているか、その遊びをどう工夫しているかを写真の横に記していきます。

　ドキュメンテーションは園内に掲示され、ラーニング・ストーリーはクラスごとのファイルに収納されており、いずれも、保護者はいつでも見ることができます。

　誤解されやすい点ですが、写真を用いた記録は、いわゆる記念写真ではありません。子どもたちが、今何に興味をもっているのかを伝えるためのツールです。写真を活用することで、プロセスを示しやすいことが最大の特長となります。

　写真を用いた記録は、写真に写っている子どもの保護者だけでなく、他の

4　ニュージーランドで開発された、ラーニング・ストーリーを書くためのeポートフォリオのシステムがあります。日本語説明サイト：http://storypark.jp/

保護者、そして園内の職員や子どもたちとも内容を共有することができます。ある園では、保育者によるドキュメンテーションを見た年長女児が、自分が育てている植物の写真記録を作り始めました。植物を保育者に撮影・印刷してもらい、そこに文章を手書きで添えた記録を作って貼り出したのです。保育者間や保護者との情報共有にとどまらず、子どもの体験そのものにも影響を与えていることがわかります。

　子どもたちの園内での様子を伝えるための方法としては、お便り帳や、園だより、クラスだよりなどが多く活用されていることでしょう。加えて写真記録の作成を試みる場合、その時間を捻出する必要があります。また、写真という視覚情報が入ってくると、ドキュメンテーションを見て「うちの子が写っていない」などと気にする保護者が出てくるかもしれません。記録の意味をきちんと説明できるようにしておくことが必要です。

　保育者は忙しい毎日を送っています。限られた時間の中でも、子どもたちが園で生き生きと過ごしている姿、それを大切にしている園の姿勢を保護者と共有できるよう工夫してみてください。

演　習　課　題

　保育施設では、新人からベテランまで様々な保育者が働いています。経験年数に違いがある中で、保育者同士が率直かつ心地良く話し合える関係を築いていくにはどうしたらよいでしょうか。アイディアを出し合ってみましょう。

発達の課題に応じた援助と関わり

　家庭や地域で生活してきた子どもたちは、入園後、これまでとは大きく異なる環境に出会います。新しい人やモノと出会い、多様な活動に楽しんで取り組みますが、同時に様々な課題にもぶつかります。就学時も、さらに社会に出てからも、新しい環境に適応していく場面はしばしばありますから、園生活が最初の練習ともいえます。

　保育者は、様々な子どもたちを見ている中で何らかの発達上の課題を見てとることがあるでしょう。そのような子を理解し援助していくためには、その課題の背景に何があるのかを捉える必要があります。しかし課題の要因が先天的あるいは後天的なものなのかは、容易にはわかりません。遺伝など出生前からの要因もあれば、出生時、出生後の環境による問題もあり、実際には複数の要因が重なっている場合が多いものです。本章では事例を見ながら、発達の課題の理解と援助の方法について考えていきます。

1 子どもの現在について考える

　子どもたちは、どの時点であれ、発達している過程の中にいます。つまり、育ちの節目のように見えるときでも今が「ゴール」ではなく、「発達の途上」にいるということです。では、子どもの現在の状態をつくっているものは何でしょうか。幼稚園に入園したばかりの3歳児を例に考えてみましょう。

127

入園直後の子どもは保護者と離れるのを不安に感じ、当初はどのクラスにも泣いてばかりいる子が数人はいます。保育者は、この子たちが泣いている背景には保護者と離れる寂しさや不安、新しい環境への戸惑いがあるのだろうと理解し、泣くという行為に共感することができるでしょう。

　一方、すぐに園に慣れ親しみ、全く泣かずに遊べる子どももいます。入園直後という状況は共通していても、保護者と離れる不安より、初めて出会う環境に対する興味関心のほうが上回るのかもしれません。

　これらを総合的に考えると、子どもの感情や行動を引き起こす背景には生得的要因（心理的敏感さ、知的好奇心の強さなど）と環境的要因（母子分離の状態、新奇な環境への参加など）とが影響していることがわかります。

2　子どもからのサインを見逃さずに捉える

　事例11 - 1は、3歳のルナちゃんのエピソードです。ルナちゃんは3歳で入園した子どもたちの中でも落ち着いているので、担任保育者は他の子どもへの援助を優先していました。

事例 11-1　「しっかり者」のルナちゃん

3歳児クラス／9月

　4月生まれのルナちゃんは、産まれたばかりの弟がいるお姉ちゃんです。泣いている子や不安そうな子が多い1学期も、ルナちゃんは落ち着いてままごとコーナーで遊び、登園・降園時の身支度も大人の手を借りずにできていたので、担任保育者は安心してルナちゃんを見守っていました。

　ある日の片付けの時間、小さいゾウのぬいぐるみが見当たりません。クラスの子どもたちが宝探しのようにゾウを探す中、ルナちゃんはピアノのそばの壁にもたれたまま動かず、ニコニコと皆を眺めています。担任はそんなルナちゃんが気になりよく見ると、ルナちゃんの足元にゾウがいるのです。ピアノと壁の間に挟まっています。

ルナちゃんと目が合った瞬間、表情がわずかに硬くなったのがわかりました。その表情を捉えた担任がほほえみ頷くと、ルナちゃんの表情もゆるみ、はにかむような顔を見せたのです。クラスのゾウ探しはそのまま続きました。

　その日、ルナちゃんがゾウのぬいぐるみで遊んでいた姿を思い出した担任は、ピアノと壁の間に挟んだのはルナちゃんで、皆から見えないように壁にもたれかかっていたのだと悟りました。意図して隠そうとしたのではなく、たまたまそこに挟んでいただけかもしれません。ですが結果として、自分だけが居場所を知るゾウを皆が探すことになり、宝探しの宝を隠す役になれたようで嬉しくなったのでしょう。ニコニコしているルナちゃんを見た担任は、「ルナちゃんは、もっと周囲からかまわれたいのかもしれない」と感じました。また、一瞬硬い表情になったのを見て、「隠しているのを叱られると思ったのだろう。不安にさせてしまった」とも考えました。とっさに「先生もルナちゃんの仲間だよ、安心してね」という思いを表情と頷きで伝えましたが、普段からもっとルナちゃんに関わっていたら、あのような表情をさせなかっただろうと思えたのです。

　担任はこの出来事を通して、ルナちゃんとの関わりが希薄だったことに思い至り、しっかり者に見える彼女も担任やクラスの子とのふれあいやつながりを求めているのだと気がつきました。

　3歳児の入園当初、担任は泣いてばかりいる子どもや不安が見てとれる子どもたちへの関わりが多くなり、ルナちゃんのように落ち着いて過ごしている子どもと関わる時間はあまりとれていませんでした。甘えてきたり泣いたりということもなかったため、担任も安心してしまっていたのです。しかし、ルナちゃんには乳児の弟がいるので、家庭でも園でも甘えることができずに過ごしていたのかもしれません。

　そんなある日、ゾウのぬいぐるみがなくなるという事件が起こり、担任はルナちゃんのおかしな様子に気づきます。ぬいぐるみを隠すように立ってい

るルナちゃんに気がついた瞬間、「ルナちゃん、ここにあるじゃない！」と言ってしまう可能性もあったでしょう。しかし担任はそのときのルナちゃんの内面に素早く目を向け、自分もルナちゃんの「共犯者」になるように振る舞います。この瞬時の判断が、ルナちゃんの気持ちをくみとる重要な起点になりました。ルナちゃんはこの日のことをきっと覚えているでしょう。担任とルナちゃんの距離も、ぐっと近づいたといえます。

　保育者は日々多くの子どもたちと関わっていますが、事例11-1のような場面に立ち会ったとき、その子の気持ちになって考えてみることが必要です。保育者が子どもを理解することの重要性は保育所保育指針や幼稚園教育要領等にも記されていますが、客観的な情報に基づく理解だけでなく、園生活をともにしてきた保育者としてその子を捉えるという、主観に沿った理解も不可欠なのです。そのような理解により、これまでと異なる援助の必要性に気がつき実践していくことができます。

　2019（令和元）年に、厚生労働省は「子どもを中心に保育の実践を考える―保育所保育指針に基づく保育の質向上に向けた実践事例集」を公表しました。その中の「子どもを中心とした視点から自園の保育実践を捉え直す」の項目内に、以下のような記述があります。

　　子どもの主体性を尊重する保育の実現には、まず実態から子どもの育ちや内面を理解することが必要となります。日々の保育において子どもが体験していることや、子ども同士のやりとり、保育士等との関わりなどを「子どもにとってどうなのか」という視点から丁寧に捉え直してみることによって、保育の現状や課題を把握し、改善・充実の手がかりを探る糸口が見えてきます。[1]（傍点引用者）

1　厚生労働省「子どもを中心に保育の実践を考える―保育所保育指針に基づく保育の質向上に向けた実践事例集」、2019、p.4

子どもの理解とはそもそも子どもの主体性を尊重するために行うものであり、子どもの実態を通して内面を理解することが必要であるとされています。子どもたちがどのように感じたり考えたりしているのかを推測することが、すべての実践の基本となるのです。

3　子ども理解を保護者と共有する

　事例11‐1は、しっかり者に見えても、内面では寂しさを抱えているように感じられるルナちゃんのエピソードでした。次の事例11‐2は、マイペースに行動するジュンくんのエピソードです。ジュンくんの母親も、「のんびりした子」と捉えているようです。

 ジュンくんのペースで

4歳児クラス／9月

　ジュンくん（4歳）の母親は、ジュンくんののんびりしたところが気になっています。園でも、靴を履いている途中で空を見上げたまま止まり、気づくと周りは全員靴を履き終えているといったことがよくあります。やる気がない、自分がすべきことを忘れてしまうとも見えるジュンくんの姿は、母親の悩みの種でした。

　一方、担任保育者にとっては、ジュンくんの姿が担任自身のおっとりした性格と重なって見えることもあり、「ジュンくんなりのペースがある」「やる気がないわけではない」と捉えていました。ジュンくんが空を見上げているときの表情を見ると、あれこれと考えを巡らせているように感じられます。すべきことを忘れてしまう場面でも、やりたくないと投げだしているのではなく、別のことに気持ちが移ってしまうためのようです。

　担任はジュンくんの母親に園での姿を伝えつつ、「ジュンくんはどんなことにもやる気をもっている」「ぼーっとしている間は、考えている時間。じっくり考える力をもっているからこその姿」と、担任自身の捉え方を話しま

した。また、そのような場面ではジュンくんの行動を否定せず、明るく笑顔で、すべきことを思い出せるように関わっていることも伝えていきました。

その後、ジュンくんが卒園を間近に控えた頃、ジュンくんの母親は「私が気づけなかったジュンのいいところを教えて下さって、ありがとうございます」と担任に話してくれました。

この事例で伝えたいのは、担任の見方が正しく母親の見方が間違っているということではありません。子どもは家庭と園で異なる姿を見せることもありますし、毎日家庭で接している保護者と園生活の中で見ている担任とでは、子どもを捉える視点が異なります。違った視点を知り、母親の中で子どもに対する見方が変わったという点に注目してください。

もし母親がジュンくんを「注意散漫で何でも時間がかかる子」と理解するだけだったら、急き立てるような関わりが多くなったり、あるいは焦りからいろいろな習い事に通わせたかもしれません。しかし、保育の専門家である担任がジュンくんを別の視点から捉え、具体的なエピソードを交えて丁寧に説明したことが、母親の子ども理解に変化をもたらしました。母親はジュンくんのよいところに目を向けることができ、今までとは異なる見方でジュンくんに接することができたのです。母親にとっても、そしてジュンくんにとっても望ましい関わりになったと考えられます。よいところをわかってくれる、それを支えてくれる大人が周りに増えれば、ジュンくんの自己肯定感は育まれていきます。また、就学後もこのような視点でジュンくんを支えていくことが大切になります。

132

物事の捉え方は人それぞれです。様々な見方を知ることで、多角的に子どもを捉えることができます。その結果、子どもに関わる保育者や保護者は子どもをより深く理解して援助を導き出すことができ、子ども自身にとっては、これまで目を向けられなかった部分に注目してもらうことができるのです。

4 様々な背景を理解する

■4-1 内面にどこまで踏み込むか

次の事例は、児童養護施設で働く心理士（保育士資格も保有）が、年長女児のシオンちゃんと人形を使ってごっこ遊びをしたときの様子です。

事例 11-3　この話はしたくない

6歳／10月

　ある日、シオンちゃん（6歳）が作ったストーリーで人形遊びをしているうちに、シオンちゃんが動かしている人形［しおん］と、心理士の人形［まりあ］との間でいざこざが起きました。

　心理士は遊びのやりとりの中でシオンちゃんが家庭にいた頃の出来事についてふれようとしたのですが、シオンちゃんは話を違う方向へ変えようとします。そのうちにストーリーは破綻して、［しおん］は頑なになってしまいました。心理士は［まりあ］と同時に友達役の人形も動かしていたので、［しおん］に向かって「もう、まりあのこと許してあげたら？」と声をかけますが、［しおん］は「絶対に許せないわ」と言い張ります。［まりあ］（心理士）は、「しおんちゃんの心を傷つけてしまって本当に悲しいわ。どうしたら許してもらえるかな」と謝りますが、［しおん］は引くに引けないようです。そのようなやりとりの中、シオンちゃんは何とか話を切り上げたいと考えたようで、最終的に「しおんは魔女に操られていて本当の自分ではなかったの。今呪いが解けたから、もうまりあを許すわ」というエピソードを紡ぎ出しました。

第11章　発達の課題に応じた援助と関わり

このとき、心理士は人形を使ってやりとりをしながら、シオンちゃんの入所前の様子について聞きたいと考えていました。シオンちゃんは事情があって4歳から児童養護施設で生活していますが、入所以前の生活について、シオンちゃん自身はあまり話してくれません。心理士は今後の援助に少しでも役立てたいと考え、人形を使った遊びの中で家庭にいた頃のことについてふれてみたのでした。それまでスムーズにやりとりをしていたシオンちゃんでしたが、家庭の話になると違う方向へストーリーを変えようとします。ついには人形同士のいざこざにまで発展してしまいました。シオンちゃんは家庭での話をすることに抵抗を感じているようです。

■ 4-2　関係づくりを焦らない

　屈託なく振る舞っているように見えても、子どもが苦しみを抱えているケースはしばしばあります。2018（平成30）年3月、東京都目黒区において、5歳の女児が両親からの虐待の末に亡くなるという痛ましい事件が起こりました。主に養父が虐待していたことが明らかになっていますが、それを止められなかった実母も起訴されています。ケースごとに状況が異なりますので一概には言えませんが、保護者から受けた虐待についてなかなか話せない子どもも多くいます[2]。

　シオンちゃんのケースでは、彼女が家庭でのことを話してくれるかどうかわからなかったため、心理士は遊びのやりとりの中でそれとなく水を向けてみました。しかしシオンちゃんの抵抗を感じ取ったので、時期尚早だったと判断し、すぐに方針を変えて謝ったのです。しばらく許してくれなかったシ

　2　厚生労働省による「子ども虐待対応の手引き」（平成25年8月改正版）には、以下のようにあります。「子どもは保護者から虐待について他人に話さないようにというメッセージを受けていることが多い。したがって、人に話すことによって不安になったり、ときには恐怖心が湧いてくることもあるので、無理に話を引き出すのではなく子どもの気持ちを受け止めながら、子どものペースで話を聞くように心がける方がよい」。

第Ⅱ部　子ども理解の方法と援助

オンちゃんでしたが、最終的には「魔女に操られていて許してあげられなかった」ということで解決してくれたのです。

　このときは人形を使ったごっこ遊びの場面（プレイセラピーでもあります）でしたので、解決方法としてファンタジーの要素を用いることができました。心理士としては、シオンちゃんが抱えているであろう苦しさやつらさを少しでも改善したいと考え、このような方法での関わりを試みました。幼児期や児童期の子どもに対して、人形を使ったプレイセラピーで葛藤場面をつくり出し、解決方法をその子自身に考えさせるような実践はよくあります。遊びの中で行うソーシャル・スキル・トレーニングです。このようなやりとりが、実際の生活場面での人間関係においても役立つと考えられており、自己調節が難しいような子でもこのようなトレーニングが有効に働くと考えられています。

　ただし、今回のシオンちゃんのように、これ以上踏み込んでほしくないというメッセージを出すこともあります。その場合は無理をせずに中止します。事例で紹介したのは心理士による関わりですが、保育者と子どもの関係であっても基本は同じです。対象児の内面を混乱させないよう、十分に気をつけましょう。

5　課題を乗り越える

　次のエピソードに登場するケントくんは、発達上大きな課題のある子どもではありません。ただ、担任保育者としてはもう一歩積極的になれるといいなと願っていたところでした。

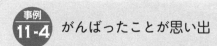

事例 11-4　がんばったことが思い出

5歳児クラス／7月・3月

　この園の年長児は、1学期最終日の翌日から園舎で「お泊り会」をします。子どもたちは皆お泊り会をとても楽しみにしており、保育者たちも全員参加で準備を進めます。

　ケントくんは5歳上と3歳上の姉をもつ末っ子で、ケンカやいざこざの少ない穏やかな子です。道具や座席の取り合いではいつも相手に譲るので、担任保育者は「もう少し自分が思っていることを言っていいんだよ」と伝えつつ、これもケントくんの個性であると受けとめていました。

　お泊り会の夜、恒例のお化け屋敷が始まりました。ホール全体を使い、園の職員を総動員する本格的なものです。5歳児クラスの担任はキャンプファイヤー終了後、子どもたちをお化け屋敷に誘いました。子どもたちは2人一組で順番にホールに入っていきます。真っ暗でムード満点です。「キャーッ!」「やだあー」などと大きな声も聞こえてきます。

　ケントくんは、お化け屋敷の話が出たとたんに担任から離れなくなりました。友達がどんなに誘っても、「いやだ、入らない」と拒みます。とうとう泣き出してしまいました。そこで担任は「先生と一緒に入ろう」と誘い、一番最後に入りました。中に一歩入ると、ケントくんは泣き声で「先生、だっこ」と言います。年長になってからそんなふうに言ったことはありませんでしたが、よほど怖いのでしょう。担任はケントくんを抱っこして奥へ進みました。ケントくんは、お化けが登場する前から「やだー! こわいー!」「おばけやだー!!」と叫び、お化け役の保育者たちが登場を躊躇するほど激しく泣いています。結局、ケントくんが通る間、お化けはほとんど現れませんでした。明るい部屋に戻ってからもケントくんはしばらく泣きじゃくり、落ち着くまで職員の部屋で休みました。担任はケントくんのがんばりを認め、また、泣いているケントくんをからかう子どもは一人もいませんでした。

　さて、そんなケントくんも卒園式を迎え、春から小学生です。謝恩会では、卒園児全員に「幼稚園で一番楽しかったのは何ですか?」と尋ねます。する

第Ⅱ部　子ども理解の方法と援助

とどうでしょう、ケントくんの答えは「お泊り会のお化け屋敷！」でした。あれほど泣いて嫌がり、担任に抱っこされたままだったお化け屋敷が一番楽しかったと言うのです。それを聞いた保育者たちは、それだけケントくんの心に残ったのだと理解しました。子どもにとって楽しかった思い出とは、大人の捉え方とは少し違うのかもしれません。担任は、あのとき無理に友達と組ませたり、自分で歩くように促さなくてよかったと思っています。

　いつも穏やかなケントくんにとって、お化け屋敷はとても高いハードルでした。友達に誘われても絶対に入りたくなかったお化け屋敷でしたが、「先生と一緒に入ろう」という担任の言葉と、抱っこしてもらうことで、ようやく挑戦することができました。担任としては、他者との対立を好まず、いつも譲ってしまうケントくんにハードルを一つ跳び越えてもらいたかったのです。怖がっているお化け屋敷を経験させるかどうかは、保育者や園によって考え方が異なると思われますが、今回はケントくんにとって思い出深い経験になったようです。大きな自信をつかむきっかけになったことでしょう。

　どの子にも目の前に課題というものは必ずあり、それを一つずつ乗り越えていく援助をするのが保育者の役割です。援助の際、その課題は現時点で乗り越えられるものなのかどうか、保育者が適切に見極めることが必要です。その見極めの指標になるのが普段からの子ども理解であるということを押さえておいてください。

演 習 課 題

　幼児期から小学校低学年頃までの時期、自分は周りの大人からどういう子どもに見られていたと思いますか。振り返って書き出してみましょう。

第11章　発達の課題に応じた援助と関わり

第12章

特別な配慮を要する子どもの理解と援助1
── 多様なニーズに応える

1 インクルーシブ保育

　インクルーシブ（inclusive）は「包括的」という意味で、インクルーシブ保育、インクルーシブ教育などと使われます。かつては障害児を通常学級で教育・保育することをインテグレーション（integration）＝統合保育と呼んでいましたが、現在はインクルーシブという考えが浸透しています。障害の有無などにかかわらず、すべての子どもたちが必要な援助を受けながらともに教育・保育を受けられるような実践、施策が目指されています。

　インクルーシブ保育の対象は、障害のある子ども、発達に課題のある子ども、外国につながりのある子ども、保護者の多様な状況により配慮の必要な子どもなどを含む、園を利用するすべての子どもたちです。「外国につながりのある子ども」は、例えば海外で生まれて両親（またはどちらか）が外国籍の子、日本で生まれた外国人の子、海外で暮らした後に帰国した日本人の子などが考えられます。「保護者の多様な状況」としては、生活が厳しい、不適切な養育が疑われる、病気や病後の子どもの看護が難しいといった例が考えられるでしょう。

　昨今では、ダイバーシティ（diversity：多様性）という言葉もよく耳にするようになりました。社会は多様な人々から成り立っており、同様に、園で過ごす子どもたちもその家庭も実に様々です。多様な価値観に出会い、その中

138

で折り合いをつけて生活することは、今後の社会を担う子どもたちにとって必要な経験といえます。

インクルーシブ保育の実践のためには、園として保育者として多様性をどのように受けとめるかが重要です。多様であることが当たり前の場になっていれば、子どもたちも自然と多様性を受け入れることができるでしょう。

2　多様な家族像

日本でも都市部を中心に、外国人や外国につながる人々が増えてきました。それは保育施設でも同様で、外国につながる子どもの増加に伴い、言葉や文化の違いによるニーズも多様化しています[1]。

外国につながる子どもが通う園では、一人一人のルーツやその国の文化を理解し尊重することが求められます。自分自身を大切に思うためには、自分が暮らすコミュニティの中で十分に認められる経験が必要です。子どもたちが自分のルーツを誇りに思い、同時に仲間のルーツも大事にできるようになるためには、まず保育者や園が各国の文化や言葉などを大切にする必要があるでしょう。

移民の多い国々では、諸外国の文化や家族の多様性に対する配慮が根付いているため、保育施設における実践も参考になります。以下にニュージーランドの事例を紹介します。

1　和田上貴昭研究代表「外国にルーツをもつ子どもの保育に関する研究」『保育科学研究』8、2017、pp.16-23などを参照。

事例 12-1　多様であることが当たり前

　ニュージーランドは多民族国家のため、保育施設にも様々な背景をもつ子どもたちが通っています。ニュージーランドに代々住んできたマオリにルーツがある人たち、イギリスを主としたヨーロッパ各国から移住してきた人たち、太平洋の島々から移り住んだ人たちなどがいて、さらに近年は中国をはじめとしたアジア諸国からの移民も増えています。

　また、両親が同じルーツをもつとは限らず、父がマオリで母がアジア人といったケースも珍しくありません。そのため、ニュージーランド由来の文化だけでなく、様々な国の文化を保育の中に取り入れています。例えばある園では、中国の旧正月をお祝いして墨絵を描いています。また別の園では日本の文化として「ひなまつり」を紹介し、子どもたちは家から好きな人形を持ってきて飾りました。自国や特定の地域の文化だけでなく、園に通う子どもたちの背景にある文化を広く大切にしようとしています。

　ニュージーランドでは、テファリキ（Te Whāriki）という幼児教育カリキュラムが導入されています。テファリキは4つの原則と5つの要素で成り立っており、原則で「家族とコミュニティ」が幼児教育の土台として大切だと示されています。

表12-1　テファリキの4原則（Principles-Kaupapa whakahaere）

1	Empowerment-Whakamana	エンパワーメント
2	Holistic Development-Kotahitanga	包括的発達
3	Family and Community-Whānau tangata	家族とコミュニティ
4	Relationships-Ngā hononga	連携

出所：ニュージーランドの教育省ウェブサイトから抜粋（欧文とマオリ語で併記）

自国の文化や習慣を伝えていくことも大切ですが、インクルーシブ保育・教育を目指すのであれば、園に通うすべての子どもたちの文化や言葉を大切に扱っていきたいものです。

　もう一つ、スウェーデンの子育て家庭の状況や、園での実践を取り上げます。

 事例 12-2 「普通の家族」って何だろう？

　スウェーデンでは民主主義を保育・教育の原点に置き、多様な考え方を尊重しています。働く女性が多く、乳幼児の送り迎えも母親に偏ることはありません。また、日本では多くの保護者が長時間保育を利用して仕事と子育てを両立させていますが、スウェーデンでは子育てや家族とのプライベートを大切にできるよう早く仕事を終えるのが一般的です。4時半頃に父親が迎えに来る姿なども日常的に見られます。

　筆者が訪れた保育施設では、様々な家族像のイラストが掲示してありました。人種が異なる夫婦と子ども、アフリカ系移民と思われる夫婦とたくさんの子どもたちなど、多様な家族の姿が描かれています。シングルマザー、シングルファザーの家族や、ゲイカップルやレズビアンカップルと思われる両親と子どもの姿もあります。

オルスタパルケンズ就学前学校で筆者撮影

141

事例12 - 2のような園の取り組みからは、「家族はこれほど多様です」「私たちはその多様性を受けとめ、子どもたちにもその多様性を大事にしてほしいと思っています」といった考えが読み取れるのではないでしょうか。

園生活の中には、保育者や園側が意図せず子どもに伝えてしまっていること[2]も多々あり、それが子どもたちの「常識」として定着してしまう可能性があります。もし保育者が、「両親がいて子どもがいる」という家族像だけを前提にしていたら、子どもたちにどのような影響を与えるか考えてみてください。園に通う子どもたちの家族のありようは様々だということを忘れず、偏った「当たり前」にとらわれていないか常に振り返りましょう。

3 様々な子育て観と子どもの内面の尊重

保育者や園が考える保育・教育の方針と、保護者の子育て観が一致していると、子どもたちも戸惑ったり混乱したりせずに過ごせるでしょう。反対に園と保護者の方針に大きなズレがあると、難しい場面も多くなります。ここでは2つの事例から保育者の対応について考えてみましょう。

2 「隠れたカリキュラム」（ヒドゥン・カリキュラム）とも呼ばれます。第5章参照。

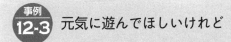

事例 12-3 元気に遊んでほしいけれど

4歳児クラス／1月

　ガクくんは「気はやさしくて力持ち」といわれるような、体格がよくやさしい男の子です。ガクくんのいる4歳児クラスでは、テレビ番組の影響でヒーローごっこが流行っています。

　変身ポーズの場面が大好きなナオヤくんは、主人公のヒーローになりきってポーズを決めています。同じように、番組を見ている男の子たちは皆、武器を作ったりポーズをまねしたりと、それぞれがヒーローごっこを楽しんでいます。

　ある日、ナオヤくんを中心とした男の子たちの遊びが戦いごっこへと変化していきました。皆がヒーローのポーズをしながら戦うフリをしていましたが、ヒーロー同士で戦うのはおかしいと気づいたようです。ナオヤくんたちは、ちょうど近くにいたガクくんを敵に見立てて戦いを挑んでいきました。ガクくんは日頃、ヒーローごっこや戦いごっこに積極的には加わりませんが、この日は皆に付き合うようなかたちでしばらく戦いごっこをしていました。ガクくんもそれなりに楽しんでいるようです。

　その翌日、ガクくんの母親から受け取った連絡帳には「ガクに戦いごっこをさせないでほしい」と書いてありました。連絡帳を読んだ担任保育者は、以前、ガクくんの母親が会話の中で「戦いごっこは好きではない」と言っていたことを思い出しました。ガクくんの家庭では、宗教上の理由で、遊びであっても戦うことや相手に手を出すことを禁じているようです。ただ、ガクくん自身はまだ十分にわかっていないところもあり、戦いごっこに加わることもあります。担任としては、友達と同じイメージを共有しながら楽しく遊んでほしいと考えていますが、保護者から「戦いごっこをさせないで」という意思を再度示されたことになり、ガクくんや周囲の子どもたちに今後どう伝えたらよいのか困っています。

事例12-3には、ガクくんの家庭の子育て観が表れています。「戦いごっこをさせたくない」という考え自体は、各家庭の子育ての方針ですから否定すべきものではありません。かといって、園の子どもたち皆に対して戦いごっこを禁じることはできません。皆さんが担任保育者だったらどのように対応するでしょうか。

　もしガクくんが戦いごっこを嫌がっているようであれば、ガクくんが自分の気持ちを周りの子どもたちに伝えられるように援助するかもしれません。また、実際に叩いたり蹴ったりしていたら保育者が間に入る可能性も高いでしょう。しかし今回はポーズやジェスチャーのみで、ガクくんも戦いごっこを楽しんでいるように見えたので、担任もそのまま見守っていました。皆さんも担任保育者になったつもりで考えてみてください。

 事例 12-4　泥遊びはいけないこと？

2歳児クラス／9月

　夏の暑さが残る時期のことです。エマちゃんは両親ともに外国籍で、父親の仕事の関係で今は日本に住んでいます。エマちゃんが通う園では外遊びを大切にしていて、いつでも泥や砂、色水などで遊べるようになっています。2歳の子どもたちも、歳上の子が泥団子を作る姿に影響を受けてか、晴れた日には砂や泥で遊んでいます。

　エマちゃんは2歳児クラスの中でも活発なほうで、外遊びが大好きです。この日も、周りの子どもたちと一緒に泥を使ったお料理をして、たっぷり楽しみました。遊んでいる間にエマちゃんの服は泥で汚れてしまったので、その日の午後は園に置いてある服に着替えて過ごしました。夕方、お迎えにきたエマちゃんの母親に「泥遊びをしてお洋服が汚れてしまったので、園にある服に着替えさせました」と保育者が話したところ、母親は驚いたような怒ったような顔をしてエマちゃんを連れて帰りました。

　その数日後、エマちゃんの両親が揃って園を訪れました。母親は、「なぜ洋服が泥だらけになるような遊びをさせるの？　ドロドロになるまで遊ばせ

るなんて動物と同じです。エマが着ている服はとっても高価なんですよ！」
と、父親を通じて話しました。エマちゃんの母親は日本語があまり得意では
ないので、よりスムーズに話せる父親と一緒に来て意思を伝えたかったよう
です。

　事例12-4の園では、日頃からすべての家庭に向けて「思いきり遊べる
ように汚れてもいい服で登園させてください」と伝えていますが、このよう
な事態が起きてしまいました。園での遊びに対して保護者が「やめさせてほ
しい」と訴えかけてきたという点では、事例12-3と共通しています。た
だし、エマちゃんのケースでは、ガクくんと違って積極的にその遊びに入り、
とても楽しんでいます。エマちゃんは外遊び、泥遊びが大好きなのです。だ
からこそ保育者も、服を汚さずに遊ぶことよりもエマちゃんの「やりたい」
という気持ちを大切にしたわけです。

　事例12-4は、エマちゃんの「高価な服がひどく汚れてしまうこと」が
問題なのか、「泥遊びをすること」自体が問題なのか、保護者の真意をよく
理解して考えなくてはならないでしょう。

　もし洋服が汚れることを問題視しているなら、汚れてもかまわない服で登
園してほしいと再度伝える、あるいは、登園後着替えられるように外遊び用
の服を準備してもらって園に置いておくなど、服を汚さないための対応を複
数考えます。

第12章　特別な配慮を要する子どもの理解と援助1

一方、泥遊びそのものを問題視しているなら、外遊びや泥遊びを通して経験できること、子どもの「やりたい」という気持ちを存分に満たすことの大切さを改めて知ってもらうことが必要です。エマちゃんの気持ちを代弁しつつ、遊んでいるときの様子を丁寧に伝えていくことで理解を得たいものです。その際は、言葉だけでなく、写真などを使った遊びの記録も見てもらうなど伝え方にも工夫が求められます（第10章参照）。

　もちろん、保護者にも子育てに対する考え方、方針があるので、理解を得るのは困難かもしれません。転園してしまう可能性もあるでしょう。しかし、だからといって、これまで大切にしてきた遊びの環境構成や援助の方針をないがしろにしてはいけません。

　こういったケースは、保育者が一人だけで抱え込むのではなく、主任や園長などベテランの保育者にも助けてもらいながら、園全体がチームとなって取り組みます。また、エマちゃんの保護者の理解を得られたらそれでよしとせず、園の保育観をより丁寧にわかりやすく伝える方法について、園全体で検討する機会につなげられるとよいですね。

4　ジェンダーに関わる問題への対応

　トランスジェンダーやLGBTなど、いわゆる性的マイノリティとされる児童生徒への配慮について、文部科学省は教育現場での対応を求める通知を出しています[3]。そんな中、就学前施設ではどう対応すればよいのでしょうか。ジェンダーに関する事例を取り上げて考えてみましょう。

▪▪▪▪▪▪▪▪▪▪▪▪▪▪▪▪

3　文部科学省「性同一性障害や性的指向・性自認に係る、児童生徒に対するきめ細かな対応等の実施について（教職員向け）」、2016

お兄ちゃんと同じのがいい

3歳児クラス／7月

　夏になり、園では水遊びが始まりました。子どもたちは水着に着替えて遊ぶことになっており、皆お気に入りの水着を持ってきています。女の子たちはたいていワンピースタイプの水着ですが、ユキちゃんは青い海水パンツを準備していました。保育者が「あれ、お兄ちゃんのを持ってきちゃったのかな？」と尋ねると、そうではなく自分のだと言います。同じ園の5歳児クラスにユキちゃんの兄がいるので確認したところ、確かにお兄ちゃんは自分の海水パンツを持ってきていました。

　その日、ユキちゃんは青い海水パンツで水遊びを楽しみました。お迎えのとき、担任保育者が母親に「お兄ちゃんとお揃いなんですね」と水着の話をしたところ、ユキちゃんと水着を買いに行ったときに「お兄ちゃんと同じのがいい！」と言い張ったので海水パンツを買ったそうです。

　自分の性別をどう感じているかを「性自認」といいます。ユキちゃんの性自認（自分のことを女の子だと思っているのか男の子だと思っているのか、わからないのか、特に意識していないのか、など）は、この事例だけではわかりません[4]。大好きなお兄ちゃんにあこがれて、単純に同じ海水パンツをはきたかっただけかもしれません。いずれにしろ、保育者としてはジェンダーバイアス（性的偏見）に気をつけるべきです。ともすれば、「ユキちゃん、女の子が海水パンツをはくなんておかしいよ」などと言ってしまいがちです。

　身体的な性と自覚している性が異なることをトランスジェンダー（トランスセクシュアル）といいます。トランスジェンダーを含むLGBTの人口規模

────────────

4　この時点では、「4歳になったら男の子になる」と思っている可能性もあります。幼児の性自認については、大滝世津子『幼児の性自認―幼稚園児はどうやって性別に出会うのか』みらい、2016など参照。

第12章　特別な配慮を要する子どもの理解と援助1

については、企業等による調査では約5.9～8％だといわれています[5]。これは大人を対象にした調査ですが、性別に違和感をもつ子どもも少なからずいることでしょう。そのような状況下で、「女の子なのに」「男の子なんだから」などと公言してしまうのは配慮に欠けているうえ、子どもたちの間にも偏見をつくってしまいかねません。

　女の子が海水パンツをはくのも男の子がスカートをはくのも、それが子ども自ら選択したことならば尊重すべきだと筆者は考えます。大人が「常識」として語ることも、その背景にある文化や時代が変われば、容易にゆらいだり逆転したりするのです。スコットランド（イギリス）では、男性がキルトというスカートに似た民族衣装を着ます。スコットランド出身の男の子がキルトをはいていたとして、保育者は「女の子みたい」と言うでしょうか？

　事例12-5のユキちゃんは、3歳の夏の水遊びは海水パンツで過ごし、翌年の夏はワンピースの水着を持ってきました。子どもは園や学校など集団生活の中で社会化（socialization）されていくので、本心とは違っていても周囲に合わせていることがままあります。大人の都合で解釈しないことが重要です。性別の問題に限らず、様々な子どもと向き合っていく保育者には、子どもたちの内面を丁寧に読み取りながら柔軟に対応していく力が求められます。

演　習　課　題

　保育施設や学校、家庭や地域などの経験において、性差別によって嫌な思いをしたり理不尽な対応を受けたことがありますか（例えば「女の子なのに○○するなんて」「男の子なんだから○○くらいできないと」といった対応など）。具体的なエピソードを記し、周囲と話し合ってみてください。

5　中西絵里（法務委員会調査室）「LGBTの現状と課題―性的指向又は性自認に関する差別とその解消への動き」『立法と調査』394、2017、pp.5-6

特別な配慮を要する
子どもの理解と援助2
——発達の状態に応じた援助

　第12章で取り上げたように、多様な子どもたちが通う就学前施設ではインクルーシブ保育の実践が目指されます。本章では発達に課題のある子どもに焦点を合わせ、援助の基本について学びます。

1　障害の有無にかかわらず

　文部科学省が2012（平成24）年に行った調査[1]で、通常の学級に在籍する生徒のうち「学習面又は行動面で著しい困難を示す」子どもの割合が6.5%という結果が示されました。この調査は学校教員に対して行った大規模な調査ですので、現場の教員の実感が反映されていると考えてよいでしょう。また学校種別の集計によると、小学校で7.7%と示されています。ということは、就学前にも同様の子どもが一定数いると考えられます。

　ただし、子ども自身が困難を感じているかどうか、保育者がどう捉えるかは、環境などによって大きく左右されます。また、医療機関で障害の診断を受けている子どももいれば、診断は受けていないけれど行動や感情のコントロールが難しく、集団生活を送るうえで特別な配慮を必要とする子もいます。

1　文部科学省「通常の学級に在籍する発達障害の可能性のある特別な教育的支援を必要とする児童生徒に関する調査結果について」、2012

いずれにしても保育者には、障害の有無にかかわらず目の前の子が困っている状況に対応していくことが求められます。クラス集団全体に目を向けることと、配慮が必要な子どもを援助していくことを同時に考えていくため、プレッシャーを感じる保育者も多いでしょう。ただし、大人の目に「問題行動」として映るような行動（突然保育室から飛び出す、パニックを起こすなど）は、その子が園生活の中の状況に戸惑いや苦痛を感じているということの表れです。そのような困難に気持ちを寄せることで、その子にとってはもちろん、周りの子どもたちにとっても望ましい関わりになっていきます。「どの子にもうれしい保育」[2]を目指して実践していきましょう。

2　入園当初の援助の基本

■2-1　入園時の受け入れ態勢

　事例13-1から13-5では、3歳の入園時から就学前までの子どもの姿を追っています。発達に応じた理解や援助の実践例を見ていきましょう。

事例 13-1 入園当初のミクちゃん

3歳5-7か月／4-6月

　ミクちゃんは3歳5か月で認定こども園に入園しました。母親はミクちゃんの発達の遅れを気にしており、保健センターで受けた1歳6か月健診や3歳児健診では心理士による個別相談を受けてきました。そこでは明確な診断はされませんでしたが、目の合いにくさや言葉の遅れなどが指摘され、発達支援センターに定期的に通っています。

　そして、この4月から遊びを大切にしている園に通うことになりました。母親が、この園ならミクちゃんの力を上手に引き出して支援してくれそうだと考えたからです。しかし入園後は母親から離れることを嫌がり、登園も一苦労です。午前中は機嫌が悪く、泣いている日も多くありました。

ミクちゃんは入園時点で発達の遅れが疑われており、母親もそのことを気にかけています。入園当初、親と離れる際に不安定になる子は多くいますが、徐々に園生活に慣れ、楽しいことを見つけ始めます。しかしミクちゃんの場合は６月になっても泣き続けており、母親から離れるのが難しい状況でした。保育者は、母親から離れるミクちゃんの不安をまず受けとめつつ、安心して園で過ごせるように支えていく必要があります。

　また、ミクちゃんの園生活に不安を抱く母親の気持ちに寄り添い、安心して任せてもらえるようにすることが大切です。そのためには、担任と、補助に入る保育者とがしっかり連携して、園全体で受けとめていくことが必要です。この段階では発達支援の詳細を検討するよりも、まずは園生活を毎日楽しく送れるようになることを目指しましょう。

■2-2　個別の支援計画

　文部科学省が設置した会議による「今後の特別支援教育の在り方について（最終報告）」[3]には、「個別の教育支援計画」と「個別の指導計画」の必要性が記されています。それぞれの特徴は表13-1のとおりです。

　この２つの計画は主に小学校以降の教育現場で活用されているものですが、就学前施設でも応用できます。就学前施設の場合は、卒園までにどういった点を育てていくかということを長期の目標にして（教育支援計画）、長期の目標を達成するために必要な援助を具体的に考えていきます（指導計画）。

　2　野本茂夫「地域の保育研究会等を活用し協働していく」日本保育学会保育臨床相談システム検討委員会編『地域における保育臨床相談のあり方―協働的な保育支援をめざして』ミネルヴァ書房、2011
　3　特別支援教育の在り方に関する調査研究協力者会議「今後の特別支援教育の在り方について（最終報告）」、2003

表13-1 個別の教育支援計画・個別の指導計画の概要

	個別の教育支援計画	個別の指導計画
目的	<u>長期的な視点を整理する</u> 乳幼児期から学校卒業後までを通じて一貫して的確な教育的支援を行うための計画	<u>長期的な方針を基に、具体的・実践的な目標を立てる</u> 一つひとつの指導をより具体的に示した計画
計画作成のポイント	・現時点で「できていること」や「苦手とすること」を整理して子どもの発達を捉える。 ・今できていることを大切にしながら、苦手な部分を育てていくことを意識する。 ・対象となる子がこれまでに受けてきた発達支援や家庭での様子なども記す。	・子どもの状況とともに、まず目指していくこと、そのための具体的な手立て、その結果を記す。

　事例13-1のミクちゃんでいえば、目の合いにくさや言葉の遅れはありますが、「園生活に親しみ周りの子どもたちとも楽しく遊べるようになる」といった長期の支援目標が考えられます。短期の指導計画については、登園時や午前中は気持ちが不安定ですが午後には機嫌よく遊ぶ姿も見られるので、例えば「登園後スムーズに気持ちを切り替えられるようにする」といった内容で、夏休みまでを目途に考えることができるでしょう。

　特別な配慮・支援を必要とする子どもの場合、どうしてもできないことにばかり目が行きがちですが、できていることも十分に把握し、そこをきっかけにして苦手なことも少しずつ克服できるように支援していきます。

3 保育者と信頼関係を築く

■ 3-1 情緒の安定を図る

　ミクちゃんは 6 月の後半になって、ようやく泣かずに母親と別れることができるようになりましたが、午前中は機嫌の悪いことがまだ多くあります。一方、3 歳児クラスに補助の保育者として入っているカオル先生との間に信頼関係ができて、先生とは楽しく過ごせるようになってきました。

事例 13-2　カオル先生が大好き

3 歳 8 か月／7 月

　7 月に入りましたが、やはり朝はぐずっていることが多いミクちゃんです。しかし母親は、登園後さっと帰るようにしています。入園当初は泣いているミクちゃんが気になってなかなか立ち去れませんでしたが、園の保育者から「私たちがミクちゃんをしっかり受けとめますから」と伝えられて、任せようと思えるようになりました。

　母親が帰った後もミクちゃんはしばらく泣いていますが、3 歳児を担当するカオル先生が丁寧に関わってミクちゃんの気持ちを受けとめます。ミクちゃんは最近、カオル先生には甘える姿を見せるようになりました。抱っこしてもらうことや一緒に遊んでもらうことが大好きなのです。カオル先生は抱っこしながらいろいろと言葉をかけて、ミクちゃんの好きなものや喜ぶことを見つけるようにしています。そのようなときも目は合いにくいのですが、カオル先生に話しかけられるのは嫌ではないようです。

　ミクちゃんは言葉でのやりとりがまだ難しく、「ママ」「だっこ」「イヤ」などの一語文で自分の思いを伝えている状態です。カオル先生はミクちゃんに関わりながら他の子どもたちとも遊ぶようにしており、ミクちゃんの興味が保育者から他児にも広がっていくことを期待しています。

第 13 章　特別な配慮を要する子どもの理解と援助 2

7月に入り、ミクちゃんとカオル先生との間によい関係ができてきていることがわかります。目が合いにくいことは自閉症スペクトラム障害に多く見られる特徴といわれますが、「自閉症かもしれない」と考えるより、様々な関わりを試みることが大切です。

　「ママ」「イヤ」などの単語もいくつかは出てきており、コミュニケーションもとれているようです。ただ、複数の単語を組み合わせて会話をするレベルではなく、一語文の状態なので、言葉の発達で考えるとおおむね1歳前後の様子です。周囲の3歳児と比べてしまうとミクちゃんの言葉の遅れを感じますが、入園当初のミクちゃんと比べると、泣いてばかりいた状態からカオル先生と楽しく過ごせるようになってきており、大きく変わってきていることがわかります。

■ 3-2　その子の発達の特性を捉える

　特に支援を必要とする子どもの育ちを客観的に把握するために、2つのポイントがあります。

　一つは子どもの様子を縦断的に記録していくことです。ミクちゃんの場合、4月の様子を丁寧に記しておいたので、7月までの変化がよく把握できました。毎日子どもに接していると、今できていることがいつからできるようになったのかわからなくなることがあります。記録を残し、それを積み上げていくことで縦断的な把握ができるようになっていくのです。

　もう一つは、一般的な発達の姿について把握しておくことです。この一般的な発達の姿を「定型発達」という言い方で表すこともあります。言葉の発達でいえば、おおむね1歳でいくつかの単語を使って自分の意思を伝えられるようになる（一語文）、1歳半を過ぎると単語をつなげた二語文になる、2歳以降は三語文も話せるようになる、といったことです。これらの目安は、「おおむね」これくらいの年齢でこういった姿が見られるということなので、必ずしも全員が達成するものではありません。しかし、こういった発達の姿を知っておくと、今目の前にいる子がおおむね何歳何か月くらいの発達状態

にあるのかがわかり、次の援助の見通しが立てやすくなります。なお、遠城寺式、津守式といった乳幼児発達検査（子どもの日常的な姿から発達の水準を調べる検査）の結果や項目なども、生活の中で子どもたちの発達を捉えていく際に役立ちます[4]。

4 安心できる場を拠点に

ミクちゃんはカオル先生との信頼関係を少しずつ築き、そこを安心できる拠点にして、他の保育者とも次第に関われるようになっていきました。ミクちゃんだけで周りの子どもたちの中に入っていくことは難しいのですが、カオル先生などの大人がいると、周囲の子どもたちと一緒に過ごすこともそれほど嫌がりません。

事例 13-3 人間関係の拡がり
4歳6か月／5月

ミクちゃんは4歳児クラスに進級し、4月から担任が変わりました。これまで関係を築いてきたカオル先生はそのまま3歳児担当として残り、4歳児の担任は、保育者になって4年目のヒナタ先生です。これまでカオル先生との関係が強かったミクちゃんですが、カオル先生が周囲の子どもたちや他の保育者とも関係ができるように意識して関わってきたためか、進級による大きなパニックなどはありませんでした。

4月の間は、ヒナタ先生が声をかけてもカオル先生を探すなど、カオル先生との関わりを求める姿が見られましたが、5月に入ってからはヒナタ先生に対する拒絶や戸惑いは少なくなりました。この4歳児クラスには補助の保育者がいませんが、主任保育者（学年に一人いて、特定のクラス担任はしない）がサポートに入ってくれています。

この時期のミクちゃんの課題は、クラスでの集まりの際になかなか部屋に戻れず、カオル先生のいる3歳児クラスのほうへ行ってしまうことでした。

第13章　特別な配慮を要する子どもの理解と援助2

担任のヒナタ先生は、集まりの前になるとミクちゃんに「そろそろお部屋だからね」とやさしく声をかけていますが、その声かけで戻ってくることはめったにありません。主任保育者の付き添いなどがないと、なかなか部屋まで戻ることはできませんでした。しかし、無理に連れ戻すと泣いたりパニックになったりするため、保育者間で話し合い、主任が中心となってミクちゃんを支えていくことにしました。安全面に気をつけて目を離さないようにしつつミクちゃんのやりたいことを大事にして、のびのび過ごせるように見守っています。

　発達に課題のある子どもがいるクラスの場合、担任保育者一人だけで子どもたち全員を見ることは非常に困難です。障害と診断されている子どもの場合だと、園としてクラスに保育者を一人増員したり（加配）、そういった際の人件費に対して行政による補助金が出るケースもあります。ただし、こういった体制は園や地域の実情によって異なるため、事例の園の４歳児クラスでは、フリーの主任保育者が学年に一人いるのみです。

　ミクちゃんは３歳児クラスの一年間で、園の中で自分の存在が認められていると感じることはできたようです。カオル先生だけでなく他の保育者ともつながりをもつことができたので、４歳児クラスへの進級も、保育者たちが懸念していたよりもずっとスムーズにいきました。担任やクラスの仲間が変わることは、すべての子どもにとって大きな出来事ですが、人間関係の形成に著しく困難を感じている子どもにとっては非常に大きな問題になります。園内での進級もそうですし、小学校へ上がるときにはいっそう配慮が必要です。

••••••••••••••••

4　遠城寺宗徳『遠城寺式・乳幼児分析的発達検査法 改訂新装版』慶應義塾大学出版会、2009
　津守 真・稲毛教子『増補 乳幼児精神発達診断法―０才～３才まで』大日本図書、1995

新しい環境への移行を円滑にするためには、その子に関わる職員の間で情報をしっかり共有しておくことと、移行の前にお互いの顔が見えるようにしておくことが大切です。ミクちゃんのケースでいうと、3歳児クラスにいた頃からカオル先生を介して他の保育者とも関わっていました。そのため、4歳児クラスになって環境が変わっても、「前から知っているヒナタ先生」と理解できたわけです。小学校との接続については第14章で詳しく説明します。

5　好きな遊びを中心にしながら

　園生活で重要なのは子どもが自ら取り組む自発的な活動ですので、園での活動に対して子どもが「やってみたい」という気持ちになるかどうかが大切です。次の事例13-4で取り上げた運動会などの行事は皆で一緒に活動することが多く、発達に課題のある子どもにとって難しい部分も多くありますが、それぞれの子ができる範囲で取り組めるように援助していきましょう。

事例 13-4　ジャングルジムのてっぺんがお気に入り

4歳11か月／10月

　10月前半に運動会が開かれました。ミクちゃんはなかなか練習に加わることができませんでしたが、本番では主任保育者のサポートを受けながら、クラスの皆と一緒に音楽に合わせてダンスを踊ることができました。

　運動会以降、ミクちゃんは自分から遊びへ向かうようになりました。それまでは、園庭にいるときも積極的に何かに取り組む姿は見られませんでしたが、このごろはよく固定遊具に登っています。運動会の本番での達成感などが影響しているのかもしれません。登園すると園庭へ出て、ジャングルジムに登ろうとします。登ってからは特に何かを始めるわけでもないのですが、どうやらその場がお気に入りのようです。

　主任保育者は、ミクちゃんと一緒にいるときは意識的にクラスの子どもた

ちが遊んでいる場へ誘導しています。1学期のうちは大泣きして他の子ども
がいない固定遊具のほうへ行こうとしましたが、最近はあまり拒まなくなり
ました。一緒に遊ぶことはないものの、他の子どもたちがいる場で過ごすこ
とを嫌がりません。
　ごっこ遊びをしているクラスの友達が、主任保育者にあれこれ話していま
す。ミクちゃんは違う方向を向いていて話を聞いていないように見えますが、
保育者が「これ、○○なんだって」とミクちゃんに話しかけると、どこか楽
しんでいるような表情も見せます。クラスの友達のことも認識し始めたのか
もしれません。

　特に言葉を交わしたり、一緒に遊んだりしていなくても、ミクちゃんが周
りの子どもたちを受け入れ始めたことが、行動や表情などから伝わってきま
す。激しく泣く、その場から逃げるなどの姿を見せていたのが、同じ状況で
も今は嫌がりません。発達に課題のある子どもの反応は一見わかりにくい場
合もしばしばありますが、本章で述べてきたように、縦断的な記録によって
変化をしっかり捉えることができます。

6　就学に向けて

　園に通っている子どもは、3年間、あるいは保育所なら6年間という長い
期間を、仲間や保育者とともに過ごします。ミクちゃんの事例で見てきたよ
うに、その期間の中で子どもたちは成長・発達を遂げていきます。発達に課
題がある子の場合はその変化がゆるやかなため、見えにくい部分もあります
が、どんなにゆっくりでもすべての子どもは成長しています。その育ちを捉
えるために縦断的な記録を大切にし、長期や短期の支援計画を考える必要が
あるのです。
　最後に年長になったミクちゃんの様子をご紹介します。

事例 13-5 よいところをたくさん見てほしい

6歳2か月／1月

　4歳児クラスで担任をしていたヒナタ先生は、そのまま持ち上がりで、5歳児クラスでもミクちゃんを担当しました。こちらの園では4歳から5歳への進級時にはクラス替えがないので、クラスの仲間も前年度と同じメンバーです。

　ミクちゃんは語彙が増えて、友達とも一緒に遊べるようになりました。昨年までは保育者が一緒にいないと他の子と遊べなかったのですが、5歳児クラスになった今は自分だけで友達と遊べます。言葉のやりとりはまだ多くありませんが、周囲の子どもたちもミクちゃんのことをよく理解しており、声をかけて遊びに誘っています。特に仲良しのリサちゃんは、ミクちゃんに声をかけたりいたずらを仕掛けたりするのが大好きで、ミクちゃんもそれを楽しんでいるようです。表情がとても豊かになり、園にいる間、いつも笑顔で過ごせるまでになりました。

　ミクちゃんは、地域の公立小学校の特別支援学級へ就学することになりました。この小学校にはリサちゃんをはじめ、同じこども園から就学する子どもが多いので、その点はヒナタ先生も安心しています。ただ小学校の規模が大きいので、ミクちゃんのよさを小学校の先生方が十分理解してくれるかどうか、ヒナタ先生をはじめ園の保育者たちは気にかけています。

第13章　特別な配慮を要する子どもの理解と援助2

３歳で入園してきたミクちゃんですが、泣いてばかりで母親から離れるのが大変だった当初の状況を考えると、３年間で大きく成長したことがわかります。親はもちろん、保育者がいなくても友達と遊べるようになったのです。こういった育ちを担任が丁寧に保護者へ伝えることで、普段は園の生活を見ていない保護者も子どもの成長を実感できるようになります。保護者の中でわが子に対する見方が変わったり、家庭での関わり方にもよい影響を及ぼすことが期待できます。「他の子に比べてできない子」としてではなく、「日々成長している成長過程にある子」として捉えることができるためです。

　一方、発達に課題があるのは、園での過ごし方に原因があるのではないかと考える保護者もいます。その子の日々の成長を丁寧に伝えていくことにより、「園では、この子の発達のペースに合わせた援助が得られる」「園の先生は私の味方だ」というように感じてくれるでしょう。保護者の認識がそのように変わると、子どもの発達をさらに促すよい契機になり得ます。

　障害の有無にかかわらず、その子のよいところ、苦手なことなどを都度記録し、短期・長期の支援計画を意識しながら関わることで、ゆっくりしたペースであっても子どもたちの成長・発達を捉えながら支えていくことが可能になるのです。

演　習　課　題

　幼児期から児童期にかけて、発達に課題のある友達や同級生と関わった経験がありますか。「こういったことが得意だった」「こんな意外な一面があった」などと感じたことを思い出し、書き出してみましょう。

発達の連続性と就学への支援
——幼保小の接続と連携

　園に通っている子どもたちは、ほぼ全員が小学校へ就学します。そのため、5歳児クラスも後半になってくると、保育者や保護者、そして子どもたち自身も小学校以降の生活を意識せざるを得ないでしょう。そのような中で、就学前に園でできることは何でしょうか。「発達の連続性」をキーワードに考えてみたいと思います。

1　発達の連続性

　一人一人ペースは異なりますが、子どもたちは確実に発達しています。毎日子どもと接している保護者や保育者が気づきにくい場合も、久しぶりに会った親戚などは「大きくなったね」と言うでしょう。時間をおいて会うと途中の過程が見えないので、以前会ったときから急に大きくなったような印象をもつのです。これは体が大きくなるということだけでなく、心の発達についてもいえることです。

　この発達のイメージを図に示すとどうなるでしょうか。ある人は、一歩一歩階段を上っていくようなイメージをもちます。別の人は、ゆるやかな坂を登っていくようなイメージや、らせん状に変化していくイメージをもつかもしれません。いずれも、時間の経過とともに上昇していく（発達が進んでいく）という見方は共通しています（図14-1）。

161

図14-1 発達のイメージ

　乳幼児期における心身の発達は、確かに上昇していくイメージが強いものです。しかし常に上昇しているわけではありません。わかりやすい例では「赤ちゃんがえり」があげられます。妹や弟が生まれると、上の子まで赤ちゃんのように幼くなってしまうという現象を指します。子どもからすれば、今まで親の愛情を一身に受けて世話をしてもらっていたのに、赤ちゃんがやってきたとたん、親の目がそちらに向いてしまうわけです。自分を気にかけてほしいという欲求が赤ちゃんがえりという行動に現れているのだと説明できます。これはわがままや発達の退行などというものではなく、自我が芽生え始める幼児期にごく自然に見られる欲求です。2018（平成30）年に公開された映画『未来のミライ』[1]では、4歳の男の子くんちゃんに妹ミライちゃんが生まれ、妹に対して複雑な感情を抱く様子が上手に描かれています。ぜひ一度ご覧ください。

　ここで例にあげた赤ちゃんがえり以外にも、発達のつまずきや退行に見えるような現象は多々あります。次の事例は、心理士に寄せられた母親からの相談です。

1　細田 守監督『未来のミライ』、2018

第Ⅱ部　子ども理解の方法と援助

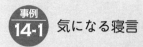

事例 14-1 気になる寝言

　3歳のメグちゃんは、ある時期から寝言がひどくなりました。しかも「マ
マ、嫌い！」など母親に対する言葉が多いため、母親は戸惑い心配していま
す。同居しているメグちゃんの祖母（母親の実母）も、しばしばそのような
寝言を聞いています。

　メグちゃんの寝言は、両親の離婚が決まり、それをきっかけに母親の実家
で生活を始めた頃から出てきたようです。母親は離婚するまで専業主婦でし
たが、現在は生活費を確保するため夜間に仕事をしています。出かけるとき
はメグちゃんも機嫌よく送り出してくれますが、祖母が寝かしつけてしばら
く経つと寝言が出てきます。

　この事例を見ると、母親に対して不安感や率直な気持ちをぶつけることは
ないものの、以前は昼夜とも一緒にいられた母親が夜間にいないということ
が、メグちゃんにとって心理的負担になっているとうかがえます。メグちゃ
んの母親から相談を受けた心理士は、そのようなメグちゃんの心理状態を代
弁し、「一緒にいられるときは意識的にスキンシップを多くとったり、楽し
く過ごすことを大事にして、愛情をたっぷり注いでください」といったアド
バイスをしました。その後しばらく経ってから様子を聞くと、メグちゃんの
寝言も徐々に落ち着いてきたという話でした。

2　就学前の経験の重要性

　メグちゃんのケースに見られるように、乳幼児期の子どもたちは一進一退
しながら発達していきますが、そのような育ちの中で特に大きなハードルと
なるのが移行期です。第13章では、発達に課題のあるミクちゃんの進級に
ついて紹介しました。本章では、就学に向けた具体的な支援について、事例

第14章　発達の連続性と就学への支援

を見ながら考えていきます。

■2-1 接続期のカリキュラム

　就学にあたり、就学前のカリキュラムと小学校入学後のカリキュラムをそれぞれ工夫する必要があるということがこれまで議論されてきました。議論のきっかけとして、2000年頃から社会的に大きく取り上げられるようになった「小1プロブレム」があげられます。

　小1プロブレムとは、小学1年生の子どもたちが教師の話を聞けない、授業中も立ち歩いてしまうといった行動を示し、その状態が続くことをいいます。これまで見られなかった新しいタイプの「荒れ」として認識されました。この問題の背景として、授業を成立させるための教師の力量不足や、家庭教育の変化などがあげられた他、「個性を重視する幼児教育に問題がある」という議論が出たこともあります。

　そのような中、就学前施設（園）と小学校との接続期のカリキュラムに関する研究や議論が進められてきました。子どもたちを小学校へ送り出す側の園が作成するアプローチカリキュラムと、受け入れる側の小学校が作成するスタートカリキュラムです。ただ現時点では、小学校の生活科を中心としたスタートカリキュラムの充実により重点が置かれており、アプローチカリキュラムについては鳴りを潜めているようです。アプローチカリキュラムにおいて小学校の学習形態を意識すると、小学校教育を先取りしたトレーニングのようなかたちになってしまう可能性が高いためでしょう。園で大切にしてきた、環境を通した教育（保育）や、幼児の自発的な活動としての遊びを通した指導が失われかねません。幼稚園教育要領等に記されているように、「育みたい資質・能力」や「幼児期の終わりまでに育ってほしい姿」は遊びを中心とした指導によって身につくということを意識しながら実践を積み重ねることで、小学校へのスムーズな接続が可能になるはずです。

■2-2 就学への支援とは、自発的な活動を大切にすること

次に紹介するのは、幼稚園での経験が小学校以降もしっかり生きているという事例です。

事例 14-2　生活科での取り組み

小学1年生／10月

　マイちゃんは、子どもたちの自発的な活動を大事にする園に通っていました。5歳児クラスのときにはお店屋さんごっこやお祭りごっこなどを存分に楽しみ、同じ学年の友達と協力してお店や商品を作ったり、お祭りで見たお神輿を作って園内を回るなど、好きな活動に取り組む経験を重ねてきました。

　今年の春からは地域の公立小学校へ通っています。小学校の近くには大きな駅があり、生活科の授業で駅や鉄道について調べることになりました。駅員の案内で改札口などを見学し、子どもたちが事前に考えた質問にも答えてもらいます。「一日にどれくらいの人が駅に来ますか?」「機械（改札機）が壊れたらどうするんですか?」など、子どもなりに考えた質問が次々に出てきます。また、駅までの道中で見つけた新しい自動販売機[2]や、きれいにディスプレイされている洋菓子店などにも興味をもち、さながら街探検のような趣きで校外授業を行ってきました。

　学校に戻ってから駅でわかったことを報告し合ったところ、カードをタッチするだけで通れたり瞬時に切符が出てきたりという自動改札機に興味をもった子が多かったので、皆で自動改札機を作ることになりました。作った自動改札機は、参観日に保護者に見てもらうことになっています。

　参観日当日、改札機の中にマイちゃんが入って操作します。参観に来ていた父親たちがお客さん役になってくれました。その後、子どもたちからもお客さんの役をやりたいという声があがり、今度は担任からの指名でマイちゃんの父親が改札機の役を担ってくれました。子どもたちも保護者もおおいに盛り上がった参観日となりました。

遊びを大切にしている園では、子どもたちの発想から遊びが展開していくよう保育者が援助しています。マイちゃんが通っていた園でも子どもから出てきたイメージを大切にしており、お祭りごっこを行う際などは、お神輿の写真を製作コーナーの近くに貼ったり、地域のお神輿の保管場所まで皆で出かけて見せてもらったりもしました。このような「協同性」（p.54参照）の高い遊びは、小学校に入ってからも必要な様々な力を育てます。

　近年は小学校におけるスタートカリキュラムが充実してきました。生活科を中心に、時間の区切り方、就学前の実践を取り入れた授業、アクティブ・ラーニングの導入などを試みて、接続期のカリキュラムをよりよくしていこうとする小学校も多くあります。就学のために必要な準備とは、長時間席についていられるようにすることや、文字や計算の練習を先取りすることではありません。園で大切にしてきた遊びを充実させていくことで様々な力が育ち、その力が小学校以降の学びにおいても十分に発揮されるのです。小学校から大学に至るまでの教育機関で重視されているアクティブ・ラーニングの基礎として、自発的な活動としての遊びをこれまで以上に大切にしていきましょう。

3　小学校に対する不安感

　就学前の子どもは、小学校生活を楽しみにする一方で、大きな校舎を不安に思ったり、先生たちは厳しく怖いのではないかと恐れていたりもします。入学を控え、期待感と不安感がない交ぜになったような気持ちでいるのでしょう。次の事例のイツキくんもそんな子の一人です。

||||||||||||||||

2　画面にタッチして購入商品を選ぶタイプの自動販売機。

第Ⅱ部　子ども理解の方法と援助

給食が心配

　1月のある日、学区内にあるＡ小学校の小学5年生から5歳児クラスの子どもたちに招待状が届きました。この園のほとんどの子どもたちがＡ小学校に入学する予定で、きょうだいが通っている子も多くいます。「一緒にお正月遊びをして給食を食べませんか？」という交流会のお誘いに、5歳児クラスの子どもたちは大喜びです。

　交流会の数日前、担任保育者は当日の給食などの案内を受け取り、「カレーライスとゼリー」というメニューを子どもたちに伝えました。ますます期待を高めている子もいますが、いつも活発なイツキくんはメニューを聞いてから元気がありません。担任が話しかけると、ポツリと「ニンジンきらい…」と言うのです。どうやら、「カレーライスのニンジンが食べられなかったらどうしよう」と心配しているようです。イツキくんは園でもニンジンを残すことが多くありますが、アレルギーはありません。「一口でいいから挑戦してみようか」と担任が声をかけ、少しずつ食べるようになってきていましたが、いつもと違う小学校の給食だと不安なのでしょう。担任は、「どうしても食べられなかったら、学校の先生に残していいか聞いてごらん」と伝えました。

　交流会の当日、子どもの足で5分ほどの道のりを皆で歩いて向かいました。新しいランドセルや机の話をしている子もいて、楽しみにしている様子が伝わってきます。しかしイツキくんは黙ったまま歩いています。そして校庭が見えてきた辺りから、イツキくんの歩みが遅くなりました。「行きたくない」と言い出したのです。担任はイツキくんと一緒に一番後ろを歩きました。そして「どうしても食べられないときは学校の先生に言ってみよう。きっと大丈夫だよ」と繰り返し話しました。

　何とか促して校内へ入ると、こま回しや凧揚げなど、イツキくんの得意な遊びが始まりました。イツキくんはすっかり夢中になり、小学生のお兄さんやお姉さんたちと元気に遊びました。

167

あっというまに給食の時間です。小学生と園児がグループになって座り、目の前にカレーライスが運ばれてきました。そして全員で「いただきます」をしようとしたとき、5年生の学級担任が園児たちに向かって「どうしても食べられないものは先生に教えてください。無理はしなくていいんだよ」と言ったのです。するとイツキくんは元気よく食べ始め、大きいニンジンをいくつか残したいと自分から伝えることができました。学級担任は「小さいニンジンは食べたんだね、えらいえらい」と笑顔で答えてくれました。

　園への帰り道、イツキくんは笑顔で歩きました。そして担任保育者に「小学校の給食、大丈夫だった！」と教えてくれたのです。

　この事例を見ると、イツキくんが小学校に対して何らかの不安や恐怖を感じていたことがわかります。苦手なニンジンを残すという、これまでの園生活では認められてきたことも、小学校へ入ると許されなくなると思っていたのでしょう。それが、交流会でやさしく声をかけられただけで、すっかり気持ちが変わったようです。園でも繰り返し「大丈夫」と伝えていたわけですが、実際に小学校の教諭に言ってもらえてようやく安心できたようです。イツキくんはその後、4月から元気に小学校へ通い始めました。

　就学前のこのような気持ちを考え、保育者ができることは何か、園全体で考えていくことが大切でしょう。この事例のように小学校へ実際に行ってみる、事前に先生たちの顔がわかるということは、園児たちの不安を和らげてくれます。

4 園と小学校の交流

■4-1 日常生活の中での交流活動

　公立幼稚園等では、5歳児クラスになると近くの公立小学校との交流活動が行われることがあります。交流の主旨は幼小の接続をスムーズにすることですが、あらかじめ決めた内容に沿って活動を進めるだけでなく、もう一歩進んだ連携を目指すと、より深く充実した交流をもつことができそうです。

事例 14-4　ダンスを見に行きたい！

5歳児クラス／10月

　運動会の時期になり、近くの小学校から大音量の音楽が聞こえてきました。5年生が地域の民族芸能の舞に似たダンスを練習しているようです。実は、小学生よりも簡単な振り付けですが、この園の5歳児クラスの子どもたちも同じ曲でダンスを練習しています。

　小学校から聴き慣れた曲が流れてきたので、年長の子どもたちが「ダンスを見たい！」と言い出しました。そこで担任保育者は、急遽小学校の外周の散歩を計画しました。この道は未満児クラスの頃からのお散歩コースで、子どもたちは早足で歩いていきます。園長先生が校長先生に電話をしてくれたようで、園児たちの姿が見えると、校長先生自ら校門を開けて中に招き入れてくれました。子どもたちと担任は思いがけない歓迎にとても驚きましたが、ありがたく5年生の練習を見せてもらいました。

　園に戻り、低年齢児のクラスの午睡が終わると、担任はダンスの曲をかけました。すると、ほとんどの子が小学校で見た決めポーズを曲の最後に取り入れています。このポーズは今までの振り付けにはなかったものでした。このような姿を見た担任は、「小学生のお兄さんお姉さんの存在は、園児たちにとってこんなにも憧れる姿として映ったのだな」と実感しました。

第14章　発達の連続性と就学への支援

このような、普段の園生活・学校生活の延長上の交流は、保幼小連携の理想的な姿です。小学校のイベントに園児を招待するなど、行事を通したかたちの交流が多くなっていますが、どうしても園児が「お客さん」という立場になりがちです。

　園にとって近隣の小学校は大きな存在ですが、小学校側から見ると、次年度には複数の園から子どもたちが入学してきます。そのため、園の要望をすべて受け入れようとすると、本来のカリキュラムに支障をきたす恐れもあるわけです。日常生活の中で無理なく交流や連携をするには、どのように考えていけばよいのでしょうか。

■4-2　交流活動を通して子ども理解を深める

　このような試みは、お互いにとってメリットがないと長続きしません。例えば園側にとっては魅力的なことでも、小学校側が負担だけを感じているようなら、いずれやめてしまう時期がくるでしょう。

　事例14-4は、普段の生活の中での交流を考えるよいきっかけといえます。年長児と小学5年生の交流をある程度継続していくとしたら、例えば小学校の「総合的な学習の時間」内で園と交流する時間をもつことが考えられます。事例では園児が小学校を訪れていましたが、今度は小学生が園を訪れて、子どもたちにダンスを教える、またはアドバイスをするといった交流も期待できるのではないでしょうか。事前に「総合」の時間を使って園児への指導について考え、園児に対してどういった言葉で話したらよいか、どう教えたら理解しやすいかといったことを検討すれば、教育実践としても充実したものになります。交流を連携にというのは、単なる子どもたちの行き来にとどまらず、事前事後の活動も含めて計画的に実践していくということです。計画的に進めることで、保幼小が連携した教育活動に発展していきます。充実した展開ができたら、小学校の教育課程に就学前施設との交流を位置付けていくと、校長や教員が異動になっても活動は継続していきます。

　また、園児と何年生の児童が交流するのかも重要です。事例14-4の子

どもたちが来年小学校に入学するときには、交流活動を行った5年生は6年生に進級しています。そうすると、新1年生にとってよく知っている児童が6年生として在籍しており、交流活動を通して学校の様子や先生のこともわかっているため、なじみのある小学校として通い始めることができます。

　このような交流活動を行うと、子どもたちの違った側面が見えるというメリットもあります。いつもは威張っている年長児が小学生の前では照れていたり、普段はぶっきらぼうな小学生児童が園児にとてもやさしく声をかけている場面なども見られます。保育者や教員が、子どもたちを多面的に見られるようになるという、子ども理解の重要なポイントがあるのです。園も小学校も日々の実践に追われていますが、「ただでさえ時間がないのに…」などとネガティブに考えるのではなく、期待できることに目を向けていくと、これらの活動の意義を実感できるでしょう。

演　習　課　題

　保幼小の連携について、保育施設の教職員側、小学校の教職員側に分かれてロールプレイをしてみましょう。それぞれの立場から連携を提案してみてください。連携してやってみたいこと、実際に行うために障壁になることなどを想定しながら話し合いをしてみましょう。

引用参考文献・資料

遠城寺宗徳『遠城寺式・乳幼児分析的発達検査法 改訂新装版』慶應義塾大学出版会、2009

鎌原雅彦・竹綱誠一郎『やさしい教育心理学 第5版』有斐閣、2019

柏木惠子『新装版 子どもの「自己」の発達』東京大学出版会、2015

川村登喜子編著『子どもの共通理解を深める保育所・幼稚園と小学校の連携』学事出版、2001

木村 創「認定向山こども園における「保育の質」向上の取り組み」高橋健介・請川滋大・相馬靖明編著『認定こども園における保育形態と保育の質』ななみ書房、2017、pp.27-41

国立青少年教育振興機構「高校生の勉強と生活に関する意識調査報告書—日本・米国・中国・韓国の比較」、2017

厚生労働省「子ども虐待対応の手引き」(平成25年8月改正版)、2013

厚生労働省「子どもを中心に保育の実践を考える—保育所保育指針に基づく保育の質向上に向けた実践事例集」、2019

久保山茂樹「障害のある子を支える保育者の専門性」中坪史典編著『テーマでみる保育実践の中にある保育者の専門性へのアプローチ』ミネルヴァ書房、2018、pp.214-223

鯨岡 峻『両義性の発達心理学—養育・保育・障害児教育と原初的コミュニケーション』ミネルヴァ書房、1998

倉橋惣三『育ての心』(上)、フレーベル館、1976

倉橋惣三『幼稚園真諦』フレーベル館、2008

文部科学省「通常の学級に在籍する発達障害の可能性のある特別な教育的支援を必要とする児童生徒に関する調査結果について」、2012

文部科学省「性同一性障害や性的指向・性自認に係る、児童生徒に対するきめ細かな対応等の実施について(教職員向け)」、2016

文部科学省『幼児理解に基づいた評価 平成31年3月』チャイルド本社、2019

中西絵里（法務委員会調査室）「LGBTの現状と課題―性的指向又は性自認に関する差別とその解消への動き」『立法と調査』394、2017

野本茂夫「地域の保育研究会等を活用し協働していく」日本保育学会保育臨床相談システム検討委員会編『地域における保育臨床相談のあり方―協働的な保育支援をめざして』ミネルヴァ書房、2011

小川博久・林信二郎編著『保育者論』樹村房、2002

小川博久／スペース新社保育研究室編『保育援助論 復刻版』萌文書林、2010

大滝世津子『幼児の性自認―幼稚園児はどうやって性別に出会うのか』みらい、2016

佐々木正人『新版 アフォーダンス』岩波書店、2015

ドナルド・A・ショーン／柳沢昌一・三輪建二監訳『省察的実践とは何か―プロフェッショナルの行為と思考』鳳書房、2007

ドナルド・ショーン／佐藤 学・秋田喜代美訳『専門家の知恵―反省的実践家は行為しながら考える』ゆみる出版、2001

高橋健介・北 真吾・奥村和正・早坂聡久・伊藤美佳「集団保育における日々の記録とその評価―クラウド・コンピューティングを活用した保育記録での出現数に着目して」『東洋大学ライフデザイン学研究』15、2020

特別支援教育の在り方に関する調査研究協力者会議「今後の特別支援教育の在り方について（最終報告）」、2003

津守 真・稲毛教子『増補 乳幼児精神発達診断法―0才～3才まで』大日本図書、1995

幼児期の教育と小学校教育の円滑な接続の在り方に関する調査研究協力者会議編「幼児期の教育と小学校教育の円滑な接続の在り方について（報告）」、2010

和田上貴昭研究代表「外国にルーツをもつ子どもの保育に関する研究」『保育科学研究』8、2017、pp.16-23

おわりに

　最後までお読みいただきありがとうございました。どのような感想を
もたれたでしょうか。本書が何らかの学びのきっかけになっていれば幸
いです。もし疑問に感じたことがあったなら、どうぞその疑問を忘れず
に、それを今後の学びの糧にしていってください。

　本書は豊かな事例をふんだんに取り入れたものにしたいと考えていま
した。そのため、実際に保育・幼児教育の現場に携わってきた加藤直子
さん、德田多佳子さん、松原乃理子さんに、示唆に富む事例をたくさん
提供していただきました。おかげで実際の子どもの姿や保育場面が目に
浮かぶ、とても充実した一冊となりました。どうもありがとうございま
す。

　また、今回の執筆にあたっては、これまで全国の園で見せていただい
た優れた実践を参考にしています。特に具体的な事例として紹介させて
いただいた、仙台市の認定向山こども園の木村創先生、新潟県出雲崎町
の出雲崎保育園の松延毅先生、北見市の認定こども園北見北光幼稚園の
吉田耕一郎先生には、園やたくさんの実践を見せていただき多くの学び
を得ることができました。心から感謝いたします。紹介しきれなかった
全国の幼稚園、保育所、認定こども園の先生方にもこの場を借りてお礼
申し上げます。各園のご厚意で見学や保育観察をさせていただき、その
おかげで本書が完成したといっても過言ではありません。東洋大学の高
橋健介さんには、ICTを用いた記録システムの詳細を教えていただき
ました。ありがとうございます。

　原稿が遅れがちになりながらも最後まで書き上げることができたのは、
萌文書林の松本佳代さんからいただいた叱咤激励の賜物です。読み手と

しての視点だけではなく、保育を考えるうえで、一つひとつの事例のわかりやすさや本文の表現にこだわったアドバイスをしてくれたおかげで、保育を学ぶ人たちが手にとりやすい、よい本になったと感じています。感謝してもしきれません。どうもありがとうございました。

　最後に、執筆などを理由に連日遅くまで大学に残っていた自分を支えてくれた妻や家族に感謝の気持ちを伝えます。ありがとう。

2020年2月

請川滋大

▏▎▍▌ 執筆者紹介 ▍▌▎▏

執筆者

請川滋大 (うけがわ しげひろ)

日本女子大学家政学部児童学科教授。臨床発達心理士スーパーバイザー。
専門は幼児教育学、臨床発達心理学。
主な担当科目は幼児理解、保育原理など。
主著に『演習保育内容総論』(分担執筆、萌文書林、2019)、『認定こども園
における保育形態と保育の質』(共編著、ななみ書房、2017)、『保育におけ
るドキュメンテーションの活用』(共編著、ななみ書房、2016)、『子どもの
育ちを支える発達心理学』(共編著、朝倉書店、2013)、『保育のなかでの臨
床発達支援』(分担執筆、ミネルヴァ書房、2011)など。

事例執筆協力者（五十音順）

加藤直子 (かとう なおこ)

立正大学社会福祉学部子ども教育福祉学科特任講師

徳田多佳子 (とくた たかこ)

白百合女子大学／草苑保育専門学校非常勤講師

松原乃理子 (まつばら のりこ)

白梅学園短期大学保育科助教

デザイン・DTP：滝澤ヒロシ（四幻社）

本文イラスト：森 邦生

装画（和紙造形）：にしむらあきこ

子ども理解——個と集団の育ちを支える理論と方法

2020年5月15日　初版第1刷発行
2023年4月1日　初版第2刷発行

著　者　請川滋大
発行者　服部直人
発行所　株式会社 萌文書林
　　　　〒113-0021　東京都文京区本駒込6-15-11
　　　　TEL 03-3943-0576　FAX 03-3943-0567
　　　　https://houbun.com　info@houbun.com
印刷・製本　シナノ印刷株式会社